《长白山学术文库》
编委会

主　任　邴　正

副主任　于　强　胡维革

委　员（按姓氏笔画排序）

　　　　　王胜今　刘信君　孙正聿　吴振武

　　　　　宋冬林　张屹山　张晶昱　张福贵

　　　　　邵汉明　周光辉　郑文东　柳海民

　　　　　韩东育　蔡立东

长白山学术文库
The Academic Library of
Changbai Mountain

第二辑

当代人与文化
——人类自我意识与文化批判

邴 正 著

吉林人民出版社

出品人：常　宏
选题策划：吴文阁
统　　筹：孟广霞
责任编辑：葛　琳
助理编辑：张丹阳
装帧设计：尤　蕾

图书在版编目（CIP）数据

当代人与文化：人类自我意识与文化批判 / 邴正著. -- 长春：吉林人民出版社, 2023.12
（长白山学术文库. 第二辑）
ISBN 978-7-206-20756-3

Ⅰ.①当… Ⅱ.①邴… Ⅲ.①文化人类学 Ⅳ.①C958

中国国家版本馆CIP数据核字（2023）第232213号

当代人与文化——人类自我意识与文化批判

DANGDAI REN YU WENHUA——RENLEI ZIWO YISHI YU WENHUA PIPAN

著　　者：邴　正
出版发行：吉林人民出版社
（长春市人民大街7548号 邮政编码：130022）
咨询电话：0431-85378007
印　　刷：吉林省吉广国际广告股份有限公司
开　　本：710mm×1000mm　1/16
印　　张：13.5
字　　数：200千字
标准书号：ISBN 978-7-206-20756-3
版　　次：2023年12月第1版
印　　次：2023年12月第1次印刷
定　　价：55.80元

如发现印装质量问题，影响阅读，请与出版社联系调换。

出版说明

习近平总书记在全国哲学社会科学工作座谈会上明确指出："一个没有发达的自然科学的国家不可能走在世界前列，一个没有繁荣的哲学社会科学的国家也不可能走在世界前列。"同时强调，"哲学社会科学具有不可替代的重要地位，哲学社会科学工作者具有不可替代的重要作用。"两个"不可替代"充分阐明了建立高水平学术队伍、出版高水平学术著作的重大意义，为新时期学术出版工作指明了前进方向。

吉林历史文化源远流长，学术研究亦早发轫。中华人民共和国成立以来，在党和政府的亲切关怀和指引下，吉林哲学社会科学研究队伍不断发展壮大，涌现出一大批具有理论高度、学理深度、学术厚度的专家学者，有些专家学者不但驰名全国，而且饮誉世界。这支生机勃勃的研究队伍，坚持以辩证唯物主义和历史唯物主义为指导，在哲学社会科学的各个领域孜孜矻矻，上下求索，推出了一大批填补历史空白、具有当代价值，亦能产生历史反响的学术著作。研究队伍为吉林文化大省、理论大省、学术大省建设做出了积极贡献，研究成果是吉林一笔宝贵的精神财富，是吉林人文化自信的一种重要凭倚。

多年来，吉林人民出版社一直以出版学术著作和理论著作为工作的主基调，出版了一大批具有创新性的学术著作，受到学术界的一致好评，尤其是主题出版更是可圈可点，受到社会的广泛赞誉。新时期，新使命，新担当，本社决定投入人力、物力和财力，编辑出版大型丛书《长白山学术文库》（以下简称《文库》）。《文库》分辑推出，每辑收入哲学社会科学和人文学科等学术著作10—15部。通过《文库》出版，荟萃吉林学术经典，延续吉林文脉，弘扬创新精神，增强文化自信，为建设吉林文化高地和学术高地贡献力量，为以中国式现代化实现中华民族伟大复兴做出吉林出版的贡献。为保证《文库》的特色和质量，收入著作坚持如下原则：

——收入吉林籍专家学者的学术著作。

——收入具有正高级专业技术职称专家学者的学术著作。

——收入作者独立完成的学术著作。

——收入已由国内正式出版机构出版过的学术著作。

——收入各个学科有代表性的学术著作，优先收入国家哲学社会科学研究项目、教育部哲学社会科学研究项目以及入选《国家哲学社会科学成果文库》的学术著作。

——收入的学术著作一仍其旧，原则上不做修改。

——适当考虑收入学术著作的学科分布。

——收入的学术著作符合国家的出版规定和要求。

编辑出版一部大型学术丛书，是本社面临的一个全新课题。本社将秉持对历史负责、对人民负责的精神，认真听取各方面意见，不断优化编辑思路，努力编辑出版一部思想精深、学术精湛、做工精美的学术文库。

编　者

邴　正

吉林大学校务委员会副主任，吉林大学东北振兴发展研究院院长，哲学博士，教授，博士生导师，国家高端智库首席专家，吉林大学原常务副校长。兼任东亚社会学会会长（中方）、中国社会学会学术委员会副主任、中国辩证唯物主义研究会常务理事、吉林省社会学会名誉会长。国家社科基金评审委员会评审专家，教育部跨世纪人才。著有《马克思主义文化哲学》《社会发展与文化发展》《邴正文集》《邴正文化讲演录》《东北方国属国史》等著述。

序

感悟世纪之交

高清海

再过几年，我们就将迎来21世纪。当今，全人类正处在千年世纪之交的转折点上。

千年世纪之交，并不仅仅意味着时间的推移，在其背后，是社会生活发生的一系列根本性的变化：原子弹爆炸，宇宙飞船射向太空，电子计算机系统问世，中国和其他社会主义国家实行改革并转向市场经济，苏联解体，冷战结束，艾滋病蔓延，托夫勒预言"第三次浪潮"，"后现代主义"兴起……

一切正如本书的作者在开篇中所说的："20世纪无疑是人类所经历的诸世纪中最激动人心的一幕。"

在风云莫测、杂沓纷纭的时代变化背后，更为深刻的变化还是人类精神的嬗变。黑格尔认为，在历史活动的背后，有两个重要的因素，"第一是那个'观念'，第二是人类的热情，这两者交织成为世界历史的经纬线"（黑格尔：《历史哲学》，62页，北京，三联书店，1956）。他还进一步指出，在观念和热情的背后，则是一种普遍的"世界精神"。这种"世界精神"，"每一阶段都和其他阶段不同，所以都有它的一定的特殊原则。在历史当中，这种原则便是'精神'的特性——一种特别的'民族精神'。民族精神便是在这种特性的限度内，具体地体现出来，表示它的意识和意志的每一方面——它整个的现实"（同上书，104页）。按照黑格尔的理解，主观的精神是客观的精神的体现，民族精神、世界精神都是历史规律的体现。当然，把历史规律视为一种客观精神，是一种客观唯心主义，但它体现了普遍的人类精神活动和社会历史规律的共生关系，即普遍的社会历史的变革，一定伴随着人类精神文化的重大转折。与社会其他现象相比，精神文化的变革则是一个社会最深层的变革。一种制度变了，我们可以说社会变了；一种精神变了，我们则该说人心变了；人心变了，则意味着人变了。

这个世界上还有什么比人的转变更令人激动的呢？

本书作者的意图，是在努力追寻这种黑格尔所说的历史现象背后的精神——当代文化精神的转折。这是一个重大的课题，遗憾的是，这也是长期以来我国哲学研究忽视的一个问题。国内哲学界此前的研究大都囿于传统的哲学问题，甚至就哲学而论哲学，以至于把哲学变成一种纯概念的推演和游戏。这是一种严重的历史错位，是真正哲学精神的失落。

真正的哲学精神既不是概念化的，也不是知识化的，而应该是一种智慧。这是一种古老的哲学传统。哲学的希腊文本意就是爱智慧。智慧和知识是有区别的。知识是可确定的、有一定的具体内容和功用的认识成果，而智慧则是一种文化素养，是对一个人所拥有的创造、接受、运用知识能力，甚至还包括音乐、美术、宗教和文学等非知识性的人文活动能力的总称。作为文化素养，智慧不如知识那样确定而有用，但它能够使人更好地驾驭知识、发现知识。所以，智慧应以综合各种知识而见长。

当然，在古代哲学里，智慧和知识、领悟和概念是混沌不分的。但是，随着科学的发展，哲学作为包罗万象的知识总汇的时代一经结束，哲学精神的智慧性质便充分显露出来。在这方面，20世纪西方哲学的发展值得我们借鉴。20世纪西方哲学对社会影响较大。颇受人们重视的哲学流派，无一不是关心人类前途、反思人类生活、追踪文化精神、探索思维方法的。弗洛伊德试图从经验科学出发，探索人性和文化的奥秘。

存在主义大师萨特本人就是一个文学家，声称存在主义是一种关于生活的哲学。实用主义和分析哲学把哲学和科学结合起来，寻求新的思维方式和方法。科学哲学用科学方法形成了系统论、控制论、信息论、耗散结构理论、协同学等哲学方法论。法兰克福学派似乎除了融哲学、文化、经济学、社会学于一体从事社会批判外，其他一切都不屑于理会。他们所做的一切，可以概括为四个基本概念：文化、生活、综合、批判。

当代哲学，作为一种智慧，主要表现为一种文化意识，即一种综合性的和前导性的研究。广义的文化是一种综合现象，是各种具体知识的融会和联系。文化本身又是一种动态结构，是开放的、不断流变的。面对具体问题，人们需要知识；面对文化现象，仅有各门知识是不够的，人们还需要智慧。所以，在知识领域，哲学不断失去家园，以至于哲学越来越不是知识；而文化领域则永远是哲学的乐土、智慧的乐土。那种企图干预知识本身的哲学失落是必然的、无可挽回的。

哲学从本性上说也是一种脱胎于对生活反思的精神，或者说，是一种文化自我意识。哲学是从追问和思考诸如"我是谁""我从何而来""欲往何处去"等人的性质、本源和归宿的形而上学问题开始的。人是有血有肉有情感的存在，不可能完全知识化。因此，那种完全脱离人生问题，对纯粹形而上学的追求是徒劳的。随着科学的发展，这种追求会越来越没有意义。而生活之树长青，那里永远会存留着属于哲学的一幅风景。

作者试图解决的当代文化精神转折的第一个问题，是把哲学精神引向文化意识的回归。以此作为走向21世纪的中国哲学研究的一个重要生长点的努力，基本上把握了当代哲学的总体走向。

作者试图解决的当代文化精神转折的第二个问题，是人类自我意识从自我迷信到自我反省的飞跃。作者从人类自我意识的角度，把人类精神的历程描绘为一个从自卑、自我迷信到自我反省的辩证过程，并把当代人类自我意识定位为自我迷信转向自我反省。视角十分独特，立论也颇新颖。

文化，作为人的活动成果，可以视为外化了的人类活动。那么，与之相对应，内在的人的活动，就是人类自我意识的活动。马克思在《1844年经济学—哲学手稿》中指出："实际创造一个对象世界，是人对自身的本质力量的自我确证。"文化是一面映衬人的本质力量的镜子，认识文化的活动是人的自我观照活动——从自身的外化中反观自身。人类创造出什么样的文化，就有什么样的自我意识；有什么样的自我意识，就会创造出什么样的文化。这两个问题实质上是同一的。

20世纪文化是工业文明充分发展的产物，也是以传统人道主义和传统理性主义为两大支撑点的近现代哲学意识的表征。从培根的"知识就是力量"，到黑格尔的"理性统治一切"，从卢梭的"人是生而自由和平等的"启蒙口号，到莎士比亚的"人类多么伟大"的文学感叹，无不洋溢着一种骄傲和自信。工业文明的巨大成就使人把自己看成"大自然的征服者""宇宙中万物的灵长""无所不能的创造者"。超自然的和超人的神的偶像被彻底粉碎，人类在信仰的废墟上重建了一种新的偶像——人类自身。于是便有了本书中反复提及的"人类的自我迷信"的问题。

走向21世纪的人类，一方面享受着高度物质文明带来的福祉，一方面又经历着高度精神文化矛盾的炼狱。正像本书开篇所描绘的那样，两次世界大战、全球性问题、普遍的精神危机，似乎文化越向前发展，由此产生的矛盾就越深刻重大；似乎人类对自然的改造越成功，人自身就越成为人类生活的主要矛盾；人类越走向21世纪，就越需要自我反省、自我批判和自我控制。

我们正处在世纪之交的转折点上，成就和危机并存，希望与忧患交错。不甘停留在表面的浮华和喧闹，去追求内心深处的变革，这一主题不能不在人们心中引起强烈的共鸣，这也是作者提出人类自我反省意识的原因所在。

作为一个花甲之年的学者，我们这一代在下一个世纪到来之时，便进入人生暮年，21世纪是属于本书作者及更年轻的一代人的。对本书作者流露出来的对人类文化的"两歧性"矛盾的困惑，以及对人类文化前景的深刻批判与反思，我理解，在许多方面也深表赞同。但是，我觉得人类自我反省能力的提高，恰恰是人类强大而不可征服的证明；文化的负效应，与文化对人的积极作用的正效应相比，仍然是次要的，是可以不断克服的。提倡人类自我反省，不但不意味着人类失去了自信；恰恰相反，那将意味着人类更成熟、更自信。

站在世纪之交的转折点上，反思人类精神的成长历程，纵观人类文化的兴衰成败，我深深感到：

希望在明天，
明天会更好。

这就是一个垂暮之年的哲学工作者世纪之交的感悟。

本书的作者是我所带出的哲学博士，本书的蓝本就是他的博士论文。那是一篇相当精彩的博士论文。当然其中也有许多问题值得我们反复推敲和商榷。学海无涯，愿作者慎思不厌其烦、耕笔不厌其絮、求实求真、精益求精。

为作此序，重阅此书，当年指导学生的情景历历在目。旧事逝水，令人感慨！

（本文作者为吉林大学哲学社会学院教授）

作者序

文化如鉴

意大利著名剧作家皮兰德洛说得好："我是谁？我有什么证据来证明我是我自己，而不是我的肉体的延续？"自我意识是人的显著特征。个人如此，人类亦如此。一切人类发展，都可以归结为个人或人类的自我确证和自我扩展。

人要发展，就要有目标，而目标的确立，首先要求人知道"我是谁""我要什么"。怎样印证"我是谁"呢？一种方法是在自然中寻求确证，找到人不同于物的特点；另一种方法是在文化中寻求确证，找到人不同于物的真正原因。文化是人的活动成果，是自我的对象化；人只有知道自己创造了什么，才能知道自己是谁。确立自我意识，仅以自然为对象是远远不够的，人必须通过文化才能最后找到自我。文化如鉴。

然而，最令现代人头痛的问题是，人们如今面对的种种压力，很大程度上却是文化造成的。人在文化中不仅得到了自我的确证，还找到了一种对自我的扭曲和对抗。面对人自己创造的丰富多彩的文化海洋，人找到的往往不是直接、鲜明的自我，而是一种自我迷惘。这一矛盾促使我们瞩目人与文化、文化批判和自我意识的关系问题。何为自我？自我与自然、与文化是什么关系？现代人的自我和文化之间存在什么矛盾？应该如何解决这些矛盾？现代人的自我该向何方发展？这就是本书想要回答的问题。

目 录

第一章　20世纪的精神转折 ························· 1
　　一、当代社会发展与文化变迁 ················· 1
　　二、乐观主义与悲观主义 ······················· 7
　　三、一个历史性的转折 ·························· 13
　　四、文化批判与自我意识 ······················· 20

第二章　人类自我意识矛盾的发展 ················ 25
　　一、自我与神的矛盾 ····························· 25
　　二、灵魂与肉体的矛盾 ·························· 30
　　三、人与自然的矛盾 ····························· 38
　　四、人与自我的矛盾 ····························· 52

第三章　中国传统文化的自我意识矛盾 ········· 60
　　一、神人一体 ······································ 60
　　二、天人一体 ······································ 65
　　三、天地一体 ······································ 70
　　四、心物一体 ······································ 72
　　五、中国文化的自我意识的特点 ··············· 76

第四章　人与文化的矛盾 ····························· 86
　　一、从理性到实践的转折 ······················· 86

1

二、人的自我矛盾……………………………………… 95

　　三、自我与对象的矛盾………………………………… 101

　　四、自我意识与文化的矛盾…………………………… 107

　　五、文化与自我批判…………………………………… 113

　　六、文化的二重性……………………………………… 118

第五章　人类自我意识的两歧……………………………… 123

　　一、自我意识矛盾的两歧……………………………… 123

　　二、存在与非存在的两歧……………………………… 129

　　三、时间与空间的两歧………………………………… 137

　　四、理性与本能的两歧………………………………… 142

　　五、个性与社会化的两歧……………………………… 147

　　六、自我拓展与自我确证的两歧……………………… 154

第六章　当代人类自我意识的前景………………………… 162

　　一、哲学主题与当代主题……………………………… 162

　　二、当代需要的主体意识……………………………… 166

　　三、当代需要的历史意识……………………………… 171

　　四、当代需要的发展意识……………………………… 176

结　语………………………………………………………… 187

参考文献……………………………………………………… 192

第一章　20世纪的精神转折

一、当代社会发展与文化变迁

再过寥寥数年,20世纪的帷幕就要落下。20世纪无疑是人类所经历的诸世纪中最激动人心的一幕。20世纪,一个人类经历转折的世纪。

19世纪,思想家和科学家,探险家和资本家……几乎所有人都在注视天空、海洋、陆地、矿藏,一切自然之物。征服自然,成为最激动人心的口号。探险家们用双脚征服陆地和海洋,科学家们用头脑认识、掌握自然规律。在那个时代,发现规律是再伟大不过的事情了。恩格斯在《在马克思墓前的讲话》中,称赞他的朋友马克思像达尔文发现有机界的发展规律一样,发现了人类历史的发展规律。他声称:"一生中能有这样两个发现,该是很够了。甚至只要能作出一个这样的发现,也已经是幸福的了。"[①]

同样的热情洋溢在法国近代著名科幻作家儒勒·凡尔纳的笔下。他坚信培根的名言——"知识就是力量"。他笔下的人物,如《八十天环游地球》中的福特先生,《海底两万里》中的尼摩船长,大都精通科学,因而总能料事如神,逢凶化吉。这些人物及其手中那些幻想的发明创造,寄托

---

① 《马克思恩格斯选集》,第3卷,574页,北京,人民出版社,1972。

着凡尔纳的美好理想——科学将把人类送上天堂。

历史没有辜负凡尔纳的期望。电力革命拉开了20世纪的帷幕，结束了瓦特的蒸汽机时代。电带给人类的不仅是光明，而且是工业生产的自动控制、全球性的电信联络；汽车和飞机也是20世纪送给人类的礼物。一个缩小了私人空间和公众空间的距离，一个把人类从平面的活动空间送入立体的活动空间。一切似乎都在不断证实弗朗西斯科·培根的结论："知识就是力量。"

儒勒·凡尔纳有过许多美妙动人的幻想。倘若多活10年，他可以目睹第一次世界大战证实他的信念：人是万能的。世上难道还有什么比美梦成真更令人鼓舞的事情吗？在这场战火中，凡尔纳的幻想变成了现实，而且统统装上了武器，为了"公理"去和强权搏斗。尼摩船长①的潜艇配上了水雷，神秘岛上的气球②装上了炸弹，莱特兄弟发明的飞机安上了机枪，就连刚刚问世的汽车也蒙上了厚厚的甲板。这一切既是对自然的征服，同时也是对人的屠宰。如果凡尔纳活着，面对这一切，他一定会目瞪口呆。

1916年7月，桑姆之战③爆发。战争的第一天就死了6万人。伤亡惨重的英法军队的长官认为，他们的士兵太笨，除了一排一排地直接往前送入德国军队的炮口之外，不能用任何别的方式去进攻。英国现代作家埃德蒙·布朗登写到这场战斗时说："没有一个民族已经赢得了，或者能够赢得这场战争。这场战争却赢得了胜利，而且还将继续赢得胜利。"这场战争以伤亡3000万人告终。"公理"并没有战胜强权，不过是强权易手而已。倒在战场上的不仅仅是士兵，还有人类精神。英国当代科学家戴维·科尔比看到了这一点。他说："桑姆之战的伤亡者之一是世界向善论；还有一个就是维多利亚时代的历史观——把历史看成是'一个连贯的时间流，从过去经过现在，直到将来'（法舍尔用语）的历史观，已经永远被弄得支离破

---

① 凡尔纳小说《海底两万里》中的主要人物。
② 凡尔纳小说《神秘岛》中的情节。
③ 第一次世界大战中协约国和同盟国在法国北部桑姆河地区的会战。

碎了。"[1]

埃德蒙·布朗登不幸言中了,"战争将继续赢得胜利。"与第二次世界大战相比,桑姆之战已是小巫见大巫。第二次世界大战战火遍及61个国家和地区,5500万人陈尸沙场。与上一次战争相似的是,绝大多数尸体都是科学技术新发明的"杰作",其中最杰出,也最残酷的是"小男孩"和"胖子"[2]——两颗几乎毁灭了广岛和长崎的原子弹。除了抹掉了两个城市之外,更重要的是,它们使电力革命成为陈迹,揭开了又一个新时代的序幕。同样,原子弹的伤亡者名单中,不仅有那些无辜的日本平民,还有在第二次世界大战中遭受伤害的人类精神。

对于这个新时代,其说不一。或曰"原子时代",或曰"太空时代",或曰"信息时代",或曰"后工业时代"——总而言之,一个人类未曾经历过的时代。在这个时代,核能投入生产,人类进入太空,第三产业兴起,电视机和电脑进入家庭。然而,经过两次世界大战教训的人们,第一次怀着十分矛盾的心情跨入这个新时代,既为人类取得的从未有过的新成就而欢欣鼓舞,又为此而变得忧心忡忡。人们还记得美国近代作家爱默生的忠告:"不会无偿地给予任何东西,一切东西均须付代价。"

让我们来看一看我们得到了什么,又付出了什么。

第二次世界大战结束以来,人类正经历着三个重大的转折。

首先是活动方式的重大转折——全球信息一体化。

1946年,电子计算机在美国问世。1946年,电视机在英国投入生产。1957年,苏联发射了第一颗人造地球卫星。自从1965年使用第一颗国际通信卫星以来,这三项伟大发明开始形成一个整体。人造卫星用于通信,超越了各种地表限制。只要在其覆盖范围内,就都处于卫星的监控之下。一个覆盖全球的卫星网络一经形成,就等于全人类暴露在同一双眼睛之下。

---

[1] 戴维·科尔比:《简明现代科学新思潮词典》,118~119页,重庆,重庆出版社,1987。

[2] 1945年,美国投掷在日本的两颗原子弹的代号。

电子计算机能够模拟人脑功能,对大量而复杂的信息进行精确、快速的处理和存储。一个连接全球的计算机网络一经形成,就等于全人类拥有同一个体外大脑帮助思考。电视机能够以融声音、色彩、形象于一体的方式进行图像显示。一个连接卫星网络和计算机网络的全球电视网络一经形成,便在全世界产生信息同步效应。在这一网络之中,无论何时何地发生何事,都会及时、准确地传到任何愿意并有条件接收的接收者。它集中并超过了以往报纸、广播、图书馆的优点,能够使全人类面对同一信息世界思考。信息同步而结为一体,这就是信息一体化。

信息一体化的优点无可置疑。它为人类实现整体发展提供了条件。以往,由于传播手段的区域和阶层限制,总是一部分人能够信息一体,另一部分人所接收的信息往往是单向度和滞后的。比如,报纸只见文字图片,不见活动图像,要通过编辑、印刷、发行等中间环节传到接收者手中,要有一定文化知识水平才能阅读并理解。交通闭塞地区只能在报上读到旧闻,而电视则可见全貌。即使没有文化,也可以根据声音图像理解内容,和卫星、计算机联合,就可以把接收者连为一个整体。因此,人类之间的时空距离大大缩小,文化距离大大缩小,并且有了比较接近的行为尺度。

面对信息一体化,人类面临一个前所未有的问题:如何以信息整体的方式活动?以往,各民族、各国家、各阶层的活动都相对独立,甚至可以说完全封闭。人们近在咫尺,却可以心隔天涯。然而,现代化信息网络突然把人们紧紧捆在一起,人们就会感到世界的拥挤。你无可选择地必须和他人站在同一起跑线上,按照同样的背景去思考。他人的行为一旦成为被传播的信息,你也无可选择地受到或轻或重的影响。对人类来说,任何局部变化都有可能迅速造成全球影响。马克思主义在今天问世,绝不会旅行70年后才踏上中国的土地。我们当然应该为信息一体而欢呼,它为实现人类"天下一体"的古老的美梦开拓了道路。但是,倘若一个后果不堪设想的局部行为,造成了全球影响,会不会危及人类的命运呢?

其次是活动性质的重大转折——效果两重化。

全球性信息网络带来的直接变化是思想性的，是软件变化，而现代工业的发展却带来了硬件变化——人类生活的改变。第二次世界大战结束以后，亚非拉地区的国家开始进入工业化的高潮，而西方工业化国家则向"后工业社会"挺进。生存条件的改善促进了人口增长，人多就要增产粮食，多开垦耕地；要发展工业，就要消耗能源，生产大量垃圾、废水、废气；要开发能源，就会促进核能工业的发展，一方面制造核电站、核燃料，另一方面制造数量更多、杀伤力更大的"小男孩"和"胖子"，于是便出现了人口、粮食、能源、生态、环境和核战争等全球性问题。

全球性问题是指造成全球性危害、需要全球合作解决的社会发展问题。全球性问题有两个基本特点：一是全球性，二是灾难性。20世纪初，中国人口多达4亿，印度人口多达3亿，这对于中印两国来说，是个令人头疼的问题。但对于欧美列强来说，人口众多不但无害，反而有益。它意味着广大的市场和廉价劳动力。但是，目前世界人口超过50亿，在20世纪末将达到60亿。如果照此速度发展，再过100年，全世界人口将接近200亿，中国人口将超过40亿。这不能不使人思考：地球上的资源能否承载得了这么众多的人口？那些人口众多的国家如果不堪重负，将会对邻国产生什么影响？二氧化碳等的过度排放，导致全球性的"温室效应"，这会不会使地球变成第二个金星，完全被二氧化碳气体包围？特别是核能的发展，使全球笼罩着不祥的阴影。核裂变的毁灭性，世人有目共睹。仅美国和苏联拥有的核武器，摊到全球每个人身上，就相当于一人扛一包80千克的TNT炸药。试想，人人坐在火药桶上是什么滋味？

工业发展和技术进步是社会发展的动力，但由此产生的全球性问题却妨碍甚至威胁着人类的生存和发展。这就是人类活动效果两重化的问题。效果两重化本身不是新问题。从古到今，过度垦荒导致土壤沙化、水土流失；思想发展促进知识的增长，也产生过迷信。但是问题从来没有像今天这样严重。以往的两重化是局部性的，如今是全球性的；以往是妨碍发展的，如今是危及生存的。全球性问题使局部性的生存压力变成全球性的生存压力。对抗局部压力的失败只是个别民族的悲剧，如果对抗全球性压力失败了，那将是全人类的悲剧。

再次是活动导向的重大转折——导向二难化。

所谓导向二难化就是左右为难。信息一体化和全球工业化把人类推入左右为难的境地。人类明明意识到核能包藏着灭顶之灾，但由于能源压力或好奇心或挑战欲又拼命发展核能；人类明明欣赏各民族独特的传统和风格，而工业化却日益用统一的、千篇一律的模式吞噬着传统和风格方面的民族差别，而人类又不能不追求工业化；人类明明提倡独立思考、个性鲜明，但又不能不接受信息一体化的"自愿的强制"，每天都承受着无数他人信息、观念的影响。如果说古人往往面临二难抉择而不知，稀里糊涂地盲然决断，那么现代人则陷入"明知山有虎，偏向虎山行"的欲罢不能的境地。

导向二难化就是说不清自己到底要什么。二难抉择，往往是鱼和熊掌不可兼得的困境。现代人要发展，生存就要受到威胁；要工业化，民族性就要受到威胁；要个性，社会性就要受到威胁。

这种困境恰好应了美国现代作家麦克利什在1928年的预感：

> 我们已有答案，
> 所有的答案。
> 只是该提出什么问题，
> 我们却不知道。

不会无偿地给予任何东西，一切东西均须付出代价。

二、乐观主义与悲观主义

这些冲突、变化和转换，不是区域性问题、偶然性问题，而是极其普遍的问题。目前，这一问题已经触及人类生存和发展的根本，引起了全球效应。思想家们不能不思考：我们面临一场何种性质的变化？变化的根源是什么？这场变化将向何处去？

人们逐渐意识到，这场变化的结果，是人类生存空间的根本性转变——"地球村"的出现。由于现代工业革命和信息一体化的出现，经济发展水平、社会制度和意识形态的差距，很难再构成我行我素的封闭空间。在每个国家、每个民族的背后，都站着整个人类直接的、普遍的和日常的活动对象，它已不是自然界，而是人类自身。

人们进一步意识到，人类生存空间的性质发生了根本的转变——"地球村"也是"地球"号救生艇。1974年，美国生物学家哈定在其论文《生活在救生艇上》中，把全球比喻为一艘漂浮在茫茫大海上容量有限的救生艇，茫茫大海意味着危机四伏。危机不是源于自然，而是源于人类自己的活动结果。换言之，是人类自己把自己抛入了大海。目前对人类威胁最大的是人类自身的行为及其后果。在造成人类死亡的疾病中，癌症在现代异军突起，已成为置人于死地的第三大疾病，环境污染被列为致癌的一个重要原因。相形之下，自然灾害给人类带来的危害就变得次要了。因此，人类面临的主要对手不是自然，而是人类自己的活动结果。

正是由于这种主要对象的转换，才造成了活动导向的二难境地。用美国现代作家雷诺兹·普赖斯的话说，我们会撕坏我们刚一接触之物。生活的矛盾并不主要来自遥远的宇宙深处，而主要来自人类自身的活动。当代社会的冲突再明显不过地提醒人类，我们是世界上最大的矛盾制造者。人类在摘取金苹果的同时也打开了潘多拉的盒子[①]。意识到这一点是一个

[①] Pandora，古希腊神话中火神赫菲斯托斯用黏土制成的人类第一个女性，奉宙斯之命带着一个盒子下凡，潘多拉私自打开盒子，于是里面的疾病、罪恶、疯狂等各种祸害全都跑了出来，并散布到世上。

划时代的转折。现代人的问题不是一无所有，而是拥有了太多以后如何消受。这就引出了一个问题：人应该如何看待自己创造的世界？

以往，人们对于自己的发明创造，特别是科学技术、物质产品和社会结构，大多持肯定的态度，认为这一切都是社会进步的象征、人类幸福的源泉。虽然卢梭曾以浪漫主义的态度，把人间的罪恶和不平等归咎于文明的发展，但在人类理性大合唱中，这不过是一个不和谐的声音。现代社会的发展已把人所创造的世界给人带来的利害充分显示出来了：它们赐予人类多少进步，就向人类索取多少代价、埋下多少危险。既然人类已进步到基本上直接以自己的活动成果为对象的程度，那么，就请登上这艘自制的救生艇，在自己挖掘的海洋上漂泊吧。

始作俑者的西方人对人类活动成果对人自身肯定和否定的双重作用，已经有了体验。在现代社会发展观中，乐观主义和悲观主义的冲突，就是围绕这一问题展开的。

以罗马俱乐部[①]为代表的学者群体提出了一种带有悲观主义色彩的社会发展观。他们的基本观点可以概括为：一是技术不是万能的，人类的增长是有极限的；二是面对全球性问题，人类应该反省和自我控制；三是与自然和解，走有节制的社会发展道路。

当代美国学者里夫金和霍华德用"熵"的理论来说明人类增长的极限问题。他们认为，热力学第二定律同样适用于人类社会。热力学第二定律告诉我们，在一个封闭系统里，能量转化的方向总是趋向于无效能量的增加。在能量转化过程中，总会损失掉一部分将来用于做某种功的能量，这种无效能量的总和就是熵。世界的熵总是趋向于最大的量，最终将达到最大值，导致物质能量的平衡分布，即"热寂"。他们把地球也看成一个相对封闭的系统，虽然存在着宇宙射线、宇宙尘埃、陨石和其他天体的引力，但就能量而言，绝大部分来自太阳和地球本身，其总

[①] 1968年4月在罗马成立的一个非正式的研究人类面临的种种困境和未来发展的国际协会。

量是有限的。

但是，生命系统却是开放系统，平衡意味着死亡。生物必须不断地与外界进行能量交换，以防止熵的增加，结果导致环境本身无效能量的增加。越是高级的生物，就越要把多的能量从有效状态转化为无效状态。人类社会就是依靠巨大的能量耗散维持的。虽然人类可以利用新技术不断发现新的能源，但为了发现新技术、制造新设备，本身又增加了能量的耗散。人类的生存技术越高，产生的无效能量就越多。在地球—太阳这一相对封闭的系统中，可供人类生存的能量最终是有限的。如果人类过分迷信技术，追求以高熵为代价的过度发达，最终会危及人类生存本身。

基于这种认识，罗马俱乐部主席奥尔利欧·佩奇认为，人类应该自我反省。他指出，如果把地球的全部历史看成一周的话，人类仅仅存在了两分钟，而文明史不过是一秒钟的事，工业革命的历史不过是一微秒。就在这短短两分钟，特别是一秒钟，尤其是最后一微秒的时间里，人类以极快的速度成为地球的主宰。这一辉煌成就使人们"屈服于一种诱惑，企图把这个地球改造成为好像只是我们居住的地方。这么做就要付出代价。人类制造的最人工性的加工品，就是那个人所共知的'炸弹'。它可以在一瞬之间破坏对于一切生命（包括人的生命）所必要的一切。这将是人类所做的最后一件工作"[①]。

佩奇认为，人类既是主体，又是一个整体。"我们是地球上变化的最高代行者，我们要做的一切，都会给今后的各种事态带来影响，成为左右我们自己未来的主要因素。具有这样的自觉是极为重要的。人类的未来是永远延续，还是以短命告终，是最美好，还是破灭，是得到酬报，还是悲惨结局，这涉及是保存还是毁灭遍布在这个地球上的生命网，涉及如何从更全局的观点，运用我们庞大的知识和力量来改变这个生命组织体。""同样重要的是，要认识到人类的未来将是有史以来整个地球的未

---

① 池田大作、奥尔利欧·佩奇：《21世纪的警钟》，10页，北京，中国国际广播出版社，1988。

来。也就是说，我们所选择的道路不论是成功的道路还是破灭的道路，它都不会局限于各个孤立的国家和地区，而会将整个人类卷进去。"①

佩奇认为，应该提倡一种"新的生命的伦理"，对人类自身进行反省和控制。"这种'新的生命的伦理'，是基于下述认识的伦理：人类对地球的维持生命能力施加任何损害，都会像澳洲飞镖那样返回到人类自己的身上；更全面地说，人类未来的生存条件及其实质内容，是由人对栖息在地球上的其他生物的态度决定的，其决定的程度是过去根本无法想象的。正在缓慢进行的生态灭绝，人类今天应当负责任，这是他们贪婪的、缺乏预见性的日常活动的结果。它和核武器的大屠杀这一冲击性的大事件一样，可以导致人类彻底毁灭。而且人类如不迅速改正自己的行动，这种以前从未想到的结果会在完全意料不到的时候——地球上的人口尚未达到六七十亿人的时候——发生。"②

罗马俱乐部认为，人类反省自身、控制自身的主要方法是，与自然和解，走有节制的发展道路。那种认为大自然是人类"取之不尽、用之不竭"的宝库，以及把大自然看成任人类驱使的奴隶的态度，是人类的妄自尊大。佩奇认为："对人与自然的关系所作的任何削弱，其结果不可避免地等于削弱了自己。"③面对日益严重的森林和耕地的减少、水土流失和土壤沙化、环境污染和生态紊乱，佩奇惊呼："如果不改变某些实为自杀的行为，那么，我们不久也将加入世界自然基金会的红皮书中而落到'险境动物'的地步了。"④

---

① 池田大作、奥尔利欧·佩奇：《21世纪的警钟》，11~12页，北京，中国国际广播出版社，1988。

② 池田大作、奥尔利欧·佩奇：《21世纪的警钟》，11页，北京，中国国际广播出版社，1988。

③ 池田大作、奥尔利欧·佩奇：《21世纪的警钟》，11页，北京，中国国际广播出版社，1988。

④ 奥尔利欧·佩奇：《世界的未来》，56~57页，北京，中国对外翻译出版公司，1985。

美国当代科学家米萨诺维克和帕斯托尔认为，应该重新评价关于增长的观念，许多全球性危机正是由持续的高速增长带来的。人类不断地为了新的增长改变技术，从而加重了人与环境的对抗。需要反省的是，人类为什么一定要追求不断增长。里夫金和霍华德认为，现代社会的许多技术进步，如罐装饮料、核武器、数量过多的汽车等，都是一种过度发达的表现，奢侈的高消费除了加剧环境的紊乱，对改善人类的生存境况并没有多少价值。因此，米萨诺维克和帕斯托尔指出，人类应该从过度发达的"无变异增长"，向有利于人类整体协调的"有组织增长"转变，以避免人类的自我毁灭。

罗马俱乐部的观点虽有些危言耸听，但许多观点切中时弊、振聋发聩。如果说非理性主义哲学家们用直觉猜测到了人类自我反省的问题，那么，罗马俱乐部科学家们则用理性和科学严密论证了同样的主题。不相信理性、科学、技术的力量对人类社会进步的作用是错误的；迷信理性、科学、技术的力量，以为人是万能的宇宙主宰，同样是错误的。科学技术和理性可以为人类开创新的未来，但并不能保证新的未来一定是美好的。因此，在不对"进步""发达""增长"做辩证的分析之前，一味追求这一切是相当危险的。罗马俱乐部的观点有助于人们清醒地认识人类的现状，正视人类面临的新挑战。

当然，罗马俱乐部的观点也不是无懈可击的。比如，里夫金和霍华德把人类历史描述为一个趋向衰亡的过程，对于人类未来持悲观主义的态度，是失之偏颇的。米萨诺维克关于"增长的极限"的观点，也是值得商榷的。人类历史注定会有个完结，这是事实；但根据一时的困境断言人类已经走向衰落，结论未免为时过早。人类社会远不是一个封闭的系统，地球也不是一个孤立的天体。人类可以污染、破坏环境，人类也可以改造环境、扩大环境容量。由科学技术发展引起的问题，最终还需要由科学技术的发展来解决。只不过当代人类面临的问题更复杂、更难解决。这并不等于说，人类根本无力解决。

以托夫勒、奈斯比特、贝尔为代表的学者们提出一种带有乐观主义色彩的社会发展观。他们的基本观点可以概括为：悲观主义为之忧郁的危机是新旧文明转折的阵痛；人类有能力摆脱自己造成的困境；理论知识是新文明的支撑力量；在新文明中，人的创造性不是节制而是更大的发挥。

贝尔认为，20世纪人类面临的转折是从工业社会向后工业社会过渡。后工业社会和工业社会的根本区别在于，从以产品为核心转向以生产信息为核心。因此，后工业社会决定社会变革的直接力量是理论知识。科学技术将有计划、有节制地高度发展。

1976年，美国现代经济学家赫尔曼·卡恩出版了《今后二百年——美国和世界的远景》一书。在这本书里，他强烈反驳了罗马俱乐部的悲观主义，认为当今社会的问题都是向后工业社会过渡中的问题，人类将最终摆脱过渡期的困境。

1980年，托夫勒出版了《第三次浪潮》。他声称，此书的目的在于，陈述理由，来应对今天非常时髦的悲观主义的挑战，"悲观绝望是毫无根据的。许多导致今天巨大危险的情况，也是打开未来大门的潜在力量。本书揭示这些潜在力量，论证化腐朽为新生的迹象。作者认为，运用智慧再加上点运气，新文明将比以往的更健全、明智、公正和民主。因此有充分理由对未来持乐观态度。"[①]

欧洲有句名言：乐观主义者说瓶子的一半是满的，悲观主义者说瓶子的另一半是空的。满的也罢，空的也罢，它们都是装在一个瓶子里的。这个瓶子就是人类自身。无论是乐观主义者，还是悲观主义者，他们都在思考人与其创造的各种文化成果——技术、社会制度、各种社会关系之间的关系。这个瓶子与儒勒·凡尔纳的瓶子装的是两个完全不同的东西。19世纪，人们的目光注视着人与自然的关系，集中解决了两个问题：一个是人和自然之间有无共同本质，另一个是人如何认识和改造自然。20世纪的人类精神虽然也在思考同样的问题，但却产生了与19世纪完全不同的烦恼：在

---

① 托夫勒：《第三次浪潮》，3页，北京，三联书店，1984。

人与自然关系之间，人与自身活动成果的冲突日益明显。这种冲突的实质，是人与文化的冲突。文化作为人的活动成果，是19世纪人类的希望所在。因此，乐观主义和悲观主义的冲突，体现了人类精神的嬗变——由以思考人与自然的关系为主题，转变为以思考人与文化的关系为主题。

这是一个历史性的重大转折。

三、一个历史性的转折

无论是乐观主义还是悲观主义，他们所揭示的都不是人与自然之间的直接冲突，而是由人类实践发展引起的人与自然之间的间接冲突。人口、粮食、能源、环境、生态和核工业诸问题，都不是源出自然而是源出人类自身活动的社会问题。这些问题大多是工业和技术的发展造成的。当代人类面临的首要任务是：解决人与自身活动及其成果的矛盾，以协调好人与自然的关系。

人与自身活动及其成果的矛盾，也就是人与文化的矛盾。文化，在一般意义上，是指人所创造的物质的精神的活动成果。当然，这仅仅是关于文化的诸多定义之一。人与文化的矛盾上升为社会发展的一个主要矛盾，这是人类发展史上的一个重大转折。

人类生活的基本矛盾是人与自然的矛盾。自然既是人类生存发展的前提，又是人类的基本活动对象，也是人类的必然归宿。在这一点上，人和其他动物都是一样的。人与自然关系的特殊性，发生在人与自然的特殊联系方式上。这种方式就是文化的方式，即人通过自己的活动成果与自然协调彼此的关系，因此，文化是人与自然发生联系的中介和主要手段。文化中介的存在使人与自然的关系由直接变成间接。每一代人总是在继承和发扬先人遗留的文化的基础上与自然发生联系。

这样,人与自然关系的性质就取决于人与文化关系的性质。历史越发展,文化越发达,人与自然的关系就越间接化。间接并不意味着人与自然的关系越来越不重要,而意味着人与自然的矛盾越来越向属人的方向,即自然接受人的改造,人与自然的矛盾向越来越深刻的方向发展。同样,人与自然矛盾越深化,人与文化的关系对人类生存发展的意义就越突出。从原始社会到现代工业社会的历史,就是人与文化的矛盾越来越突出、人与自然的矛盾越来越深刻的过程。

人与自然的矛盾是一种生存性的矛盾。所谓生存性是指自然是人存在的前提和活动的基础。自然对人有两种意义:一是人的来源,二是人的对象。作为人的来源的自然独立于人之外,先于人存在,人是它长期发展的产物;作为人的对象的自然是人的基本生存条件,是满足人的自然需要的对象。为了生存,人需要自然,而自然偏不是人的产物,外在于人的需要。因而自然就成为人所需要克服的活动对象,在人的生存需要和自然的外在性、人的自主性和自然的强制性之间就发生了矛盾和冲突。对人来说,生存是一切活动的基本前提,人与自然之间的矛盾就成为人类生活的基本矛盾。解决这一矛盾的主要途径是满足生存需要,克服自然的异己性,人与自然的矛盾同样成为人类生活的主要矛盾。

原始人类与自然没有完全分化,生存直接和各种自然物冲突。他们终日疲于从大自然摄取食物,逃避自然灾害,抵御野兽的袭击。农业社会的基本生存方式是依赖和利用自然力、靠天吃饭,即全部社会生活维系于大自然能否允许农民从土地上收获维持温饱的粮食。近代工业社会的基本生存方式是驯服各种自然力,依靠科学技术解决基本的生存矛盾。所以,驯服自然力,成为近代工业社会的主要目标。从原始社会到近代工业社会,人终于为人与自然的矛盾画出了一个句号:由依靠自然天赋,到依靠人自身的创造力量。农业社会梦寐以求而不得的全社会的温饱问题,只有在工业社会里才看到了解决的希望。

与此相对应,文化也一直被认为是人用以征服自然的手段。自然之物一经人工的敲敲打打、修理加工,就被称为文化。文化就是人刻在自然之物上的"纹花",这就是考古学意义上人类最初的文化含义。作为人的工具、手段、成果,文化的意义也主要在于显现人的本质力量,标志人的发展水平,与人是完全同一的"人的"和"文化的",往往被看成同一含义。在人与自然的矛盾是人类社会的基本矛盾的情况下,文化就成了解决这一矛盾的基本方式。

再进一步说,文化就是一个标志人类发展水平、进行自我评价的概念。人能否解决好人与自然的矛盾,主要取决于人的文化水平。文化成为与野蛮相对应的概念:"文化的",就是社会发展水平高,人离自然较远;"野蛮的",就是社会发展水平低,人离自然太近。文化的本质规定也成为人的非自然化。各种社会问题的产生,总被认为是非自然化程度不够、文化程度不发达的缘故。最佳的解决办法就是发达文化对不发达文化的不断更替。

既然文化是对人的肯定,与人天然同一,那么,提出人与文化的矛盾往往被认为是荒唐可笑、对人缺乏信心的表现。18世纪,卢梭把人类不平等、罪恶、堕落的根源都加到文化头上,当即激起了社会舆论的普遍指责,并把这种观点冠以"浪漫主义"头衔,以示其为十足的胡思乱想。19世纪,马克思指出,在资本主义私人占有制的条件下,人的活动成果会从与人同一的状态中分离出来,作为独立的力量,反转过来与人相对立。这一思想也长期沉睡在他的手稿里,直到20世纪20年代才重见天日,引起思想家们的重视。

当然,这并不等于说人们始终拒绝承认人与文化有矛盾。文艺复兴的核心不是别的,恰恰是人与文化——宗教文化的矛盾。不过,当时的人们并没有把这一矛盾看成是人与文化的矛盾,而看成是文化与野蛮、迷信、不文化的矛盾。培根说"知识就是力量",含义十分清楚,知识是文化,而宗教是愚昧,是不文化。资产阶级革命的核心也是人与文化——制度文化的矛盾。人们同样把封建制度视为野蛮、不文化。

相比之下,德国古典哲学有了人与文化矛盾的意识,康德提出了二律背反,揭示了感性理性之间的矛盾。人所追求的东西最终是达不到的。上帝、意志自由、灵魂不朽,这些理想的文化状态,仅仅在信念上,而不是现实上与人同一。黑格尔把人与文化的同一看成是人自我分化又统一的辩证过程。技术、手段这些文化现象统统是人的精神外化。和卢梭一样,黑格尔主张文化复归,但不是复归于自然,而是复归于神秘的绝对精神。费尔巴哈改变了文艺复兴的宗教文化观。他认为,宗教就是人的自我异化。德国古典哲学对文化的批判意识,是把人与文化的矛盾归因于物质文化和精神文化的对立。他们用精神文化对物质文化的批判去驳斥卢梭的文化退化主义。在他们看来,人与文化的矛盾仅仅是精神现象,矛盾的结果是文化更进化,人与文化更加同一。

然而,几乎整个20世纪西方哲学的主要思潮都成了德国古典哲学的反动。弗洛伊德说文化压抑人的本能,萨特说文化给人的结果是自由意志最终失败,德国现代历史哲学家斯宾格勒说文化是万世不劫的循环,维特根斯坦说文化近乎人类的自我游戏。罗马俱乐部用严密的科学论证重提卢梭的玄想,警告人们不要太文化了。就连乐观主义的著名代表托夫勒也不能不承认人与文化的冲突是一场"超级斗争"。他说:"一个意义非常深远的斗争已经在表层下面发生了。斗争的一方面是旧工业的坚决拥护者,另一方面出现了很多人,他们认为世界上许多非常严重的问题——粮食,能源,军备限制,人口,穷国,资源,生态,气候,老年人的问题,城市社会的解体,生产的需要,工作的报酬,都不再是在工业制度的结构中所能解决的了。这个冲突,就是为迎接未来而进行的'超级斗争'。"[1]

人们习惯上把这种反文化思潮归咎于资产阶级的腐朽、没落、空虚和绝望。那么,这种反文化思潮产生的文化根源究竟何在呢?在这种思潮的

---

[1] 托夫勒:《第三次浪潮》,65页,北京,三联书店,1984。

背后，深藏着一种文化观的断裂——人与文化的冲突，不仅仅是新旧文化的冲突，不仅仅是精神文化和物质文化的冲突，而是人与文化本身的冲突。

这一断裂，发自传统文化观的反省。传统文化观是一种线性进化论，即把文化发展看成是新文化代替旧文化、新文化解决人与自然冲突。然而，人们往往忽略了问题的另一方面：为什么文化不断更新，而危机和冲突却又不断产生呢？

没有一种新文化是没有矛盾和危机的。与其说矛盾和危机根源于文化不够发达，不如说新旧文化更替不过是新旧矛盾更替而已。原始人为食物不足发愁，农民为天灾人祸发愁，马克思时代的工人为呼吸不到新鲜空气发愁，现代人为环境污染发愁。这些矛盾的确都属于人与自然的矛盾，但产生的根源却在不断变化。

诚然，一切社会矛盾最终都将归咎于人与自然的矛盾。如果人不求生存，一切矛盾都将化为乌有。但是，如果文化发展不能改变人与自然的关系，那么，人创造文化又有何意义。人不可能永远都被自然驱赶着去创造文化。恰恰相反，人创造的文化越发达，人就越直接地面对文化生活。

文化在发展，自然也在变化，但是，这种变化根本不同步。恩格斯说得好："日耳曼民族移入时期的德意志'自然界'，现在只剩下很少很少了。地球的表面、气候、植物界、动物界以及人类本身都不断地变化，而且这一切都是由于人的活动，可是德意志'自然界'在这个时期中没有人的干预而发生的变化，实在是微乎其微的。"[1]不是自然变化推动文化变化，倒是文化变化推动自然变化。农业改变了地球植被，工业改变了从地表到大气层中几乎一切自然之物。

因此，从农业文明到工业文明，是人与自然关系的一个历史转折。农业文明的特点是利用生态循环。庄稼种了收，收了再种，除了是人工培植之外，和野草没什么本质不同。灌溉之水流来流去，终归还是水。当过地地道道的传统农民，天人合一的境界是不言而喻的。工业文明的特点是突

---

[1] 《马克思恩格斯选集》，第3卷，551页，北京，人民出版社，1972。

破生态循环。铁矿石炼成钢铁，不能再还原为石头；煤燃烧后产生二氧化碳，不能再还原为原煤；所以工业才真正改变了自然。

工业文明也改变了人与自然的关系。农业文明是自然招惹人。人要种田，水旱蝗鼠却要毁田，人不得不兴修水利，防虫治害。工业文明是人招惹自然。人要机器，可自然没有，于是人动手自己造；如果不要机器，人不是不能活，至少可以返回大地怀抱中去耕耘。所以，在工业社会，人与自然的矛盾主要不是天然发生的，而是由于人与文化的矛盾引起的。由于发达的文化赋予人更高的生存状态，人对自然也就产生了更高级的要求。对拥有发达的现代文化的人类来说，人对自然的要求主要不是人和自然的天然联系提出的，而是人所拥有的文化提出的。满足这一要求，解决人与自然的矛盾，核心在于发展和更新文化，即改变人类用以改造自然的手段。

工业文明和农业文明的重要区别，就在于对待文化的态度。农业社会也存在文化改造和更新任务，但由于农业生产顺应自然生态循环，所以，这一任务并不突出。工业生产的特点就在于不断更新技术，要求人类必须不断改造和更新文化，这一区别进一步造成了人与文化关系的深化。文化作为人的对象化、手段、活动成果，存在着与人既同一又分离、既协调又冲突的二重关系。作为手段和活动成果，文化与人是同一的、协调的，是人实现了的能力和目的；作为独立于人之外的对象化的客观事实，文化与人又是分离的，与人的主观意愿又是相矛盾的。文化虽然是人的产物，但已经获得了独立的客观形态，不以人的主观愿望为转移。文化越发达、越更新、对人的作用越大，就越容易与人冲突。一旦人忽视了对文化的认识、掌握，就会陷入文化造成的压力之中。例如，一个文盲从电子计算机中得到的和一个传统的农民从都市生活中得到的都绝不是自由，而只能是压力。

文化作为人创造的客观事实，对人的作用是双重的。文化为人控制、掌握，就能赋予人自由，对人起肯定作用；文化不为人控制、掌握，亦能造成对人的压抑、破坏，乃至毁灭，对人起否定作用。由于农业社会的文化建立在顺应生态循环的基础上，文化更新速度缓慢，其否定作用并不明显。农业生产是分散的、利用生态循环的，其否定作用总是局部性的、可以依赖自然力弥补的；而工业文化却是全球性的、创造以技术为核心的人文环境的，其否定作用是全球性的、仅凭自然力是很难恢复的。这样，人与文化的矛盾便日益突出。

近代工业文化之初，人们直接感受的是人与文化同一、肯定人的一面。人们对文化发展赋予人类的进步和利益目不暇接，很少注意人与自然矛盾背后的人与文化的冲突。一旦现代工业达到了全球一体化，现代科学技术释放出足以毁灭人类的力量，人们才幡然醒悟，有如打开了《天方夜谭》中的魔瓶，才意识到解决人与文化矛盾的迫切性。

现代社会发展的趋向提出了审视人与自然、人与文化诸矛盾关系的课题。人与自然的矛盾是外在矛盾，这一矛盾的解决使人类得以生存和发展；人与文化的矛盾是内在矛盾，这一矛盾的解决是人类生存发展能力的提高，是人的自我发展。由于当代文化高度发达，能否驾驭人与文化的关系已经事关人类的前途和命运，这就要求人们必须优先考虑协调人与文化的矛盾、优先解决自我矛盾。当然，这并不意味着人与自然关系已经无足轻重。优先解决人与文化的矛盾，恰恰是在当代条件下人与自然关系复杂化、深层化的表现。这一转折表现了人与自然之间的高度融合，表现了人类发展水平已经提高到能够把外在矛盾以内在的方式加以解决的程度。

所以，转折和挑战并不意味着穷途末路；恰恰相反，它体现了人类社会向前发展的强大动力。20世纪哲学意识的文化批判态度，是人类自我意识觉醒的表现。由于人与文化的矛盾是人类自身的内在矛盾，对这一矛盾的认识需要通过自我意识来完成。因此，当代哲学面临着通过文化批判去寻找适合当代的人类自我意识的任务。

四、文化批判与自我意识

面对日益突出的人与文化的矛盾，哲学的使命是文化批判。文化批判不同于一般意义的文化认识，它是把文化作为独立于人之外的对象进行批判性的，包括肯定的和否定的诸方面的分析。文化批判基本上有两种类型：一是用一种文化批判另一种文化，如新文化对旧文化的批判、本土文化对外来文化的批判；二是用自我意识批判文化整体，如康德对理性的批判、马克思对劳动异化的批判、罗马俱乐部对现代科学技术的批判。

前一种文化批判是以一种文化为主体，以另一种文化为对象，揭示的是文化内部的矛盾，是单纯的文化研究；后一种文化批判是以人为主体，以文化整体为对象，揭示的是人与文化的矛盾。这种批判不是单纯的文化研究，而是文化哲学意义的研究。

以人为主体，以文化为对象的文化批判，所追求的是一种自我意识。自我意识是人关于自身的认识。任何认识都是对象性的认识。自我意识认识人类自身，也需要认识的对象。自我意识的对象有两种。一是以自然为对象，通过对人类自身与自然的比较，确认人与自然的联系、区别。人与自然的区别在本质上是文化区别。马克思说："可以根据意识、宗教或随便别的什么来区别人和动物。当人们自己开始生产他们所必需的生活资料的时候（这一步是由他们的肉体组织所决定的），他们就开始把自己和动物区别开来。"[①]仅以自然为对象，只能显示人与自然区别的现象，不足以揭示这种区别的本质，因为人与自然的区别是一种实践特征，而实践不是先天的，而是人的后天活动。文化是自我意识的另一种对象。由于文化是实践成果，是人的能力对象化的产物，人通过文化可以直观到人自身。文化是变成现实的精神自我，以文化为对象是以自我为对象。与以自然为对象的自我意识相比，以文化为对象的自我意识才是真正的自我意识——"我"认识"我"，是自我意识的演化。在这种自我意识中，显示的是人

---
① 《马克思恩格斯选集》，第1卷，24~25页，北京，人民出版社，1972。

与自然区别的本质。文化作为实践结果，自我作为实践主体，是同一过程的两个方面。人与自然的区别集中表现为人的独立自我，而文化则是这种区别的印证。自我和文化的关系就是人与自然的本质区别从产生到实现的运动过程。

因此，以人为主体，以文化为对象的文化批判，是人的自我反省，是自我意识的确认和校正的过程。人通过批判自我的对象化，批判人的自我意识，以协调人与文化的关系，合理地控制自我，与自然建立更协调、更符合人的要求的关系。

人与文化的矛盾日益突出，表现在精神领域则是自我意识的冲突。所谓文化批判，就是自我意识对其意识对象的批判。文化虽然是自我意识的对象、成果，但作为独立于自我之外的客观事实，文化对自我又具有双重作用。文化对自我本身的作用可能是自我的实现，也可能是自我的扭曲。因此，追求文化对自我的肯定，扬弃文化对自我的否定，就是文化批判的宗旨。

现代社会发展的矛盾，恰恰是文化对自我的否定作用日益突出的结果。现代人面临的威胁和危机，主要不是直接由自然造成的，而是由文化造成的。这一倾向既导致了人与文化的矛盾上升为社会发展所直接面临的主要矛盾，也导致了人类自我意识由自我崇拜到自我反省。在文化批判中重建当代社会需要的自我意识，已成为当代哲学的一个重要课题。

从马克思开始，整个欧洲现代哲学都"反叛"近代理性主义的哲学传统，即力图破除近代理性至上、人性至善的信念，寻找面对文化否定性日益增强、人类社会所需要的自我意识，这些实质上都是文化批判。

当代中国哲学也正接触这一当代哲学的重要课题。文化问题和主体问题是近年来哲学研究中的热点问题。问题的起因是改革开放和社会主义现代化。对外开放使中国参与了世界性的全球一体化进程；社会主义现代化建设的发展加速了中国社会工业化的进程，从而使当代中国同样面对当代人与文化的矛盾。十几年来，随着改革开放和现代化的发展，中国社会的经济水平、政治意识、社会结构、价值观念和日常生活都发生了显著的变化。这些变化导致了新旧文化、中外文化之间的复杂的冲突。

文化的主体是人。人们研究文化，实质上是透过自身活动的成果反观自身。文化研究的目的，归根结底都是一个：寻找更合理的社会发展道路。因此，文化研究具有很强的主体意识。

主体问题是一个实践性很强的问题。社会发展引起的文化变革，是人的自我在现实性上的转折，势必带动自我意识的变化。主体问题和文化问题之间存在着某种共生关系。一方面，文化变革改变了自我的对象化的存在形式，从而要求自我意识的重新表达；另一方面，自我意识的变化又推动文化创造，促进了文化变革和更新。所以，文化批判也是自我意识批判，二者是一个问题的两个方面。

十几年来，中国的主体研究和文化研究取得了深刻而卓有成效的进展。就文化批判和自我意识批判而言，许多理论工作者积极捕捉时代精神，提出了许多发人深省的观点。例如：在文化研究中，人们就传统文化和现代文化、中国文化和西方文化、物质文化和精神文化等矛盾，积极探讨传统文化如何适应现代化的要求、如何在现代化的背景下改造和发扬传统文化的精华、如何在文化融合中吸收西方文化的优秀成果走有中国特色的文化发展道路、如何在发展物质文化的同时提高全民族精神文化水平等等。这些文化批判性的研究，体现了当代中国文化发展的要求，对社会主义现代化事业起到了建设性的作用。

与此相适应，主体研究也在自我意识批判方面日益深化。主体问题表面虽然是作为哲学问题独立提出的，但和文化批判的进展有着十分密切的关系。主体问题是一个人对自身的评价问题。主体问题最初是相对于客体提出的。人们一般认为，人是实践和认识的主体，客体是实践和认识的对象，主客体的关系问题无非是两方面的活动：一方面，是主体认识客体，反映客体的活动；另一方面，是主体改造客体的活动。这种主体意识主要还不是以文化为批判对象，而是以自然（当然也包括文化）为批判对象。

随着研究的深入,主体问题被提高到人与自身活动及其成果的内化了的水平来认识。"生产力的迅速发展,大大提高了主体支配自然客体的能力,人与人之间的对立关系也变得简单明显了。这样就进一步暴露了存在于社会和自然之间的矛盾,人的本质与其异化形式之间的矛盾,使人们有可能从反观自身中认识到自己的价值。"[1] "哲学,归根结底来说,就是人对自身主体性的反思理论,即主体自我意识的理论表现。"[2]

文化批判与自我意识批判,这一时代主题已经被理论工作者们捕捉到了,但是,研究还有待深入。在这方面,有以下任务需要人们去完成:

首先是文化批判与自我意识批判如何深入。

文化批判与自我意识批判是既相联系又相区别的两个问题,各有其独立的研究领域,但二者的深化必然会提出彼此贯通的要求。文化是自我意识的结果和反思自身的对象,自我意识是文化的主体和精神实质。自我意识的提高表现为文化更新,文化发展表现为人的升华。因此,无论是文化批判还是自我意识批判,都必须以对方为具体对象,才能避免过去抽象研究的倾向。目前,存在的问题恰恰是文化批判尚未达到自我意识批判的高度,而自我意识批判又仅限于哲学反思。这就提出了研究文化批判中的自我意识的课题。这一课题的解决将有助于深化文化和自我意识批判。

其次是当代文化批判和自我意识批判的重点是什么。

目前的文化批判大多是不同文化的互相批判,尚未提升到对文化进行自我批判的高度。面对全球信息一体化、效果两重化、导向二难化,现时代的要求是人类对文化整体的深刻反省,特别是文化对人的二重作用——肯定和否定作用的反省。同时,自我意识批判也应由讴歌人的主体性提升到反思人的主体性的高度。因此,透过文化二重性特别是否定性确立人的自我意识,就成为当代文化批判中的自我意识研究的主题。

再次是如何在文化批判的基础上反思人类的自我意识。

---

[1] 高清海:《哲学与主体自我意识》,103页,长春,吉林大学出版社,1988。
[2] 高清海:《哲学与主体自我意识》,183页,长春,吉林大学出版社,1988。

这是一种跨学科的研究。文化研究比一般的哲学研究具有更强的实践性，这就需要从具体的文化材料——习俗、神话、宗教、艺术、历史、社会制度、日常生活、价值观念等问题入手，挖掘人类自我意识的特点和发展规律，通过具体的文化问题，如价值问题、人生问题、理想问题、社会问题，升华出具有时代特点的人类自我意识。这样，将会出现不同于一般仅在概念层次上运行的哲学研究方法。

研究当代文化批判中的自我意识问题，无论对当代社会发展还是意识形态的变革，都具有重要的意义。这一问题的解决，将有助于确立当代社会发展的导向，捕捉当代社会面临的迫切性的矛盾，明确当代意识形态变迁和重建的精神原则，确立合理的文化意识、主体意识和社会发展意识。在理论上，也有助于在人类自我意识层次上的辩证法的研究。

基于上述种种考虑，本书以当代文化批判中的人类自我意识研究为主题，从文化发展中的自我意识入手，通过历史的和文化的考察，揭示人与文化的矛盾实质，探索当代自我意识的发展导向，进而提出建立人类自我意识辩证法的理论任务，以及建立符合当代中国特点的民族自我意识的现实任务，以期推动文化研究和主体研究，并解决当代中国社会发展的理论问题。

第二章　人类自我意识矛盾的发展

一、自我与神的矛盾

人类自我意识既是人意识到人与自然之间区别的产物，又是人意识到人类自身矛盾的产物。就人类自身矛盾而言，人类自我意识的根源在于文化的二重性。自我意识的对象不是自然界，而是人类自身。文化的二重性是自我分裂为主体自我和对象自我的产物。自我意识的矛盾就是由主体自我和对象自我的矛盾引起的。值得深思的是，为什么文化如此发达的现代人反而格外关注文化的否定性。要解决这一问题，必须了解人类自我意识的发展历程，看一看文化的否定性是如何显露出来的。

一些文化人类学家通过考察现代原始部落发现，人类早期在精神上和自然浑然一体。20世纪初，一位德国文化人类学家访问了居住在巴西北部的印第安人部族波罗罗人。这一族人认真地告诉这位学者，他们是红金刚鹦哥，一种生活在南美热带森林、长着漂亮羽毛的长尾鹦鹉。"这根本不是说，他们死了以后就变成金刚鹦哥，或者金刚鹦哥变成波罗罗人，因此，它们值得同等看待。不是的，根本不是这样。……'波罗罗人硬要人相信他们现在就已经是真正的金刚鹦哥了，就像蝴蝶的毛虫声称自己是蝴蝶一样。'这不是他们给自己起的名字，也不是宣布他们与金刚鹦哥有亲族关系。他们这样说，是想要表示他们与金刚鹦哥的实际上的同一。"[①]波罗罗人的固执表明，人在原始状态尚不能明确分辨自我和对象的区别，自我意识是模糊不清的。

原始人与自然浑然一体，在精神世界中，他们面临着人与神的冲突。神话与巫术是原始文化的重要组成部分。神话与巫术起源于原始人的万物有灵观念。由于他们无法把人与对象严格区分开来，在他们看来，人之所有亦自然之所有。通过长期实践，他们终于发现，人有灵魂，灵魂可以脱离肉体的强制性，是自由自在、变幻莫测的。自然也与人一样有灵魂。那些有灵气的自然就是神。神的观念实际上是原始人的理想自我对自由自在、无拘无束的主体状态的追求。巫术就是原始人以为的通向自由之路。巫术是借用鬼神力量实现自己愿望的一种法术，是人与鬼神世界的沟通和默契。原始人以为，一旦他们向猎枪、渔网、庄稼、野兽施行了巫术，就会产生神奇的力量，达到人所期望的目的。

围绕着神话和巫术，展开了人与神之间的协作和冲突。这种冲突反映到自我意识之中，则表现为自恋与自卑的冲突。

自恋可以称为"纳西索斯情结"。纳西索斯是古希腊神话传说中的一个美少年，因终日迷恋自己在水中的倒影不能自拔，最后憔悴而死，化为水仙花。人类一开始就是纳西索斯主义者。在远古时代，世界上各民族大多山水阻隔，早期文明多系独立发展而来，但是，各民族关于自身起源的神话，却存在着惊人的相似性。这些神话用不同的语言和情节重复着两个相同的主题：一是神创造了人，人是天神的子孙；二是人创造了文明，文明招致神的惩罚。

古希伯来人相信，世界是上帝创造的，人也是上帝创造的，人类始祖亚当和夏娃最初被上帝安置在万物齐备的伊甸园中，只是由于他们违背了上帝的教诲，偷吃了智慧之果，被上帝逐出伊甸园。上帝诅咒亚当："你必须汗流满面地劳动，才能从地里得到吃的，勉强维持温饱。这样劳碌终

---

① 列维·布留尔：《原始思维》，70页，北京，商务印书馆，1981。

生，直到死后归土，人啊，你本是尘土，终将归于尘土！"

古印度人相信，世界是梵天创造的，人类始祖毗婆萨婆是梵天女儿生下的一个怪胎肉球。由于这个肉球的兄长们多事，按照神的样子把他加工改造，他才成为人，并遗传了长生不死的神性。于是日积月累，子孙繁衍，弄得人满为患，搅扰了梵天的安宁，梵天一怒之下创造了一个死神，吩咐她说："死神，行动吧！你从我灭世的思想和愤怒中产生，你去消灭生灵吧，不管是愚蠢的还是聪明的！"

美国作家房龙说："世界各地差不多所有的人从一开始都用什么名字称呼自己呢？这种例子多得惊人，他们称自己是'上帝的人'或'上帝的选民'，更荒谬的是，'属于上帝的人'。埃及人在其他人眼里是卑贱的小农，但他们却把自己看作是'上帝的人'。犹太人认为自己是'上帝的选民'。'苏密'——现在人们所知的官方名字是芬兰，它的意思（人们告诉我）是'上帝的人'。太平洋上的许多部落——我们最熟悉的只是塔希提岛人——也称自己为'上帝的人'。波利尼西亚同西亚、北非和北欧相距万里之遥，在这些地方居住的种族彼此间毫无共同之处。可是有一点，他们都明显地认为自己才是真正的有价值的人。"[1]

人是天神的子孙，这种意识体现出人类最初的自尊心和优越感，在原始神话中，天神始终偏爱人类，赐予人类许多其他动物所不拥有的能力和用以制服环境的各种用具。当人类面临危难之时，天神总是不辞劳苦，出手拯救人类。人之所以能得到天神庇护的秘密在于，人和天神之间存在血缘关系，正是这种血缘关系，才赋予人类以自尊心和优越感。

这种自尊心和优越感是人类的自恋意识，用弗洛伊德的术语来说，就是"纳西索斯情结"。自恋意识起源于人类的生存意识。生对于人来说，意味着活动、经历和各种需要的欲望。由此产生了两种基本诱惑：需要的满足和未来的发展变化。需要的满足产生出快乐和幸福的情感体验，引导人们不断追求新的满足和体验，由此产生出对生的热恋；未来的发展变化

---

[1] 房龙：《宽容》，392~393页，北京，三联书店，1985。

对于人来说是未知的新奇刺激和诱惑，引导人们不断超越现状、追求新的经历、渴望生命的无限延伸。正是这两种基本诱惑，导引人们热爱生命、追求生命。

生存活动引起了自我和环境的冲突。在冲突中，人显示出高于动物的物种的优越性。尽管人常常被自然灾难和毒蛇猛兽夺去生命，但人意识到自己的生命活动能够创造，而这是其他动物所不具备的。创造大大改变了人类的生存条件，提高了人类与环境抗争的能力，如制造工具、用火、使用文字、掌握知识。这些创造都是动物力不能及的、非自然的。人类自然要追溯这种赋予人类优越性的创造力根源。在科学极不发达的时代，创造是神秘不可思议的。一个关于人类高贵出身的神话，是对创造既令人宽慰自豪，又不可证实不可推翻的解释。

令人疑惑的是，为什么一方面人们相信人源于神的神话，另一方面又偏偏因为这种神赐的优越性而遭受处罚？原始人自恋的根据在于创造，创造是打破常规的非自然性活动。创造既使人摆脱自然力量的束缚，又意味着人失去自然力量的庇护，打破常规势必和自然力量发生冲突，很容易导致大自然的报复和处罚，所以才有"诸神的愤怒"。

这种对创造的畏惧体现出自恋意识的另一面：自卑意识。自卑意识是最初的自我否定，它起源于人类的死亡意识。人类是唯一意识到自己的结局是死亡的动物。死意味着生命的终结，是对生存意义的否定，死亡宣告了人的一切追求和满足的完结，人生前创造和拥有的一切，都会被死亡剥夺得干干净净，人历尽千辛万苦创造的一切，会在瞬间被死神摧毁。同时，死抹杀了自我的独特意义，任何人难逃一死，任何人死后的状态都归于同一；死亡也使人和动物归于同一，使人丢失了自尊心和优越性，古往今来，飞燕玉环皆黄土，名流伟人亦黄土，由于人意识到死亡的毁灭作用，人们一般都对死采取主动的逃避态度。

创造恰恰与死亡紧密相关。比起顺其自然，创造意味着违反常规，意味着冒险，创造的失败往往使人付出鲜血和生命的代价，面对强大而又神秘的自然界，原始人不能不考虑这样的问题：我打破了它，一切会怎样？因此，死亡及能够引起死亡的灾难、疾病是令人畏惧的。人可以用创造改变环境，但就是无法征服死亡。人在死亡面前似乎是一个失败者，自卑意识就是对这一失败的确认。

自卑意识是人对暂时（也许有些是永远）不可抗拒的力量的投降。对于人来说，不可抗拒的力量必然兼有人的一切优越性，而且还拥有人所不具有的万能的力量。最不可抗拒的力量就是鬼神。鬼神是自然力量后面隐藏着的不可抗拒性。"鬼神布满了整个天空和每寸土地，它们在道路边、树林中、岩石上、山里、山谷里、河溪里窥伺着人，它们日夜不倦地跟踪着人……它们总是围绕着他，在他的身前身后乱舞，在他的头顶上飞，从地底下向他喊叫，甚至在自己家里，人也找不到逃避鬼神的避难所：它们在家里也是到处都有，它们隐藏在墙上的泥灰里，吊在屋梁上，粘在隔板上。"总而言之，鬼神无所不在，无孔不入。原始人终日战战兢兢地生活在神天鬼地之间，与鬼神进行着既没有尽头又没有希望的搏斗。

自恋意识肯定人，自卑意识否定人，二者是相互冲突的。就价值导向，也就是人的利益来说，在一般情况下，人选择自恋意识，不希望失去自己的自尊心和优越感，人必须寻找一种解决自恋和自卑冲突的方法，既能创造而又能逃避鬼神的惩罚。

原始人类选择的办法是巫术和禁忌。巫术是原始人利用鬼神的力量实现自己愿望的一种法术。行使巫术有两个好处：一可以借助鬼神的力量实现自己的愿望，二可以摆脱创造可能招致的惩罚。在我国北方农村和信奉萨满教的少数民族（满族、鄂伦春族、鄂温克族、赫哲族等）中，至今仍残存着巫术的遗风。萨满[①]可以行使巫术为人治病，预测未来。行使巫术时，他们常自称"神灵附体"（"下神"），以鬼神的口气拘神遣将，发怒许愿，直到巫术行完，才恢复自己的常态。萨满行完巫术常常摆出若无其事的样子，似乎刚才发生的一切都是鬼使神差，只不过借助他的身体罢

[①] 巫师，巫术的主持者，萨满神的化身和代理人。

了。如果有什么责任，那当然没他的份。

禁忌是指人或物的神圣不可侵犯的（或不洁的）性质，以及由此所引起的避讳行为，禁忌实际上是人与鬼神世界的交换行为。人以自我克制为代价，逃避创造或犯禁的惩罚。原始人对血液、死亡、身体、女人、国王、某些动植物，以及衣食住行、渔猎农耕，往往有不厌其烦的清规戒律。

巫术和禁忌是自恋与自卑两种意识冲突的协调。在人付出禁忌代价之后，人可以充分自恋，而被禁忌所制约的巫术，则体现着人的自卑。但是，这种协调方式是自欺欺人的胡闹。巫术不能使人不死，禁忌也不能使人永生，因而解决不了生存意识与死亡意识的冲突。自恋与自卑的冲突虽然没有达到自我意识的高度，但却揭示了生存与死亡这一人生的基本矛盾。

生和死、自恋和自卑，实质上是人和神相协作又相冲突的自我意识。神代表永生和自我肯定，自然代表死和自我否定。人类在自然和神明之间，情不自禁要扪心自问：我是谁？我是神，还是自然？我希望我是神，因为我有天神血统；可现实的我还不是神，而是一个装着灵魂的肉体。为了成为神，人必须在灵魂和肉体、神明和自然之间作出选择。正是来自天神的挑战，唤起了人的自我意识。

二、灵魂与肉体的矛盾

灵魂与肉体，即神性与自然性的冲突唤醒了人的自我意识。自卑和自恋同源于创造这一事实，促使人以文化为对象反观自身。神话以及被视为神创奇迹的祖先创造的文化，开始向人的自我意识挑战，这一挑战引发了古代西方文化的日神精神和酒神精神的冲突。

在古希腊神话传说中，日神阿波罗是太阳和光明之神，是希望和理想的象征，具有艺术的创造力量。古希腊人崇拜阿波罗，是因为创造和惩罚的人生痛苦地折磨着人的灵魂。传说米达斯王①曾问森林之神西勒诺斯，人类最大的善是什么？西勒诺斯说，最好的事情是根本不要出生，次好的事情是早点死去。现实的人生总是令人战战兢兢，而阿波罗精神则为这战战兢兢的人生提供了一个梦幻世界——奥林匹亚山上的希腊诸神世界。在高山之巅，希腊诸神精力旺盛，充满生命活力，洋溢着智慧、快乐和美，自由自在地享受人生，但这一切对于人来说是可望而不可即的。生命破坏了一切神圣，人只有否定生命、自我克制，才能接近神的世界。

狄俄尼索斯是农业之神和酒神，是丰收、享乐、放纵的象征，狄俄尼索斯精神构成了一个与阿波罗式的梦幻世界相反的醉狂世界。在酒神祭典中，古希腊人冲破一切禁律，放纵情欲，解放生命的原始冲动，把生命的创造和毁灭都视为生命力的表现，在狂热中忘却自我的存在，因此也不再惧怕什么惩罚。

阿波罗神庙有一个著名的神谕："认识你自己。"这象征着人类开始发现自我，并已经认识到自我是痛苦的根源，需要节制。而狄俄尼索斯则体现出"忘掉你自己"。这象征着面对自我和环境的冲突，选择返归自然的解脱方法。这种节制和放纵、自我和忘我的矛盾，体现出一种主体的分化意识：主体世界和外部世界是对立的，主体世界并不等于现实世界，而是一个神明世界。人要么放弃主体性，在酒神精神里返归自然；要么放弃现实性，在日神精神里成为主体。

围绕着酒神和日神精神的冲突，古希腊人从以下三个方面确立人的主体意识：

第一，主体精神是人对自然神的反抗。

到了古希腊悲剧作家埃斯库罗斯的笔下，人类开始用创造向自然神祇

---

① King Midas，希腊传说中Phrygia之王，能点石成金。

挑战。普罗米修斯本来是奥林匹亚诸神世界中一个微不足道的小神,埃斯库罗斯却把他描绘成惊天地泣鬼神的英雄。普罗米修斯像女娲一样,用泥土创造了人,又盗来天火,给人间送来光明和温暖。这一创举触怒了众神之王宙斯,他把普罗米修斯囚禁在高山之巅,每日施以酷刑折磨。当宙斯派神使赫尔梅斯前来劝降时,普罗米修斯却声称:"你好好听着,我绝不会用自己的痛苦,去换取奴隶的服役;我宁愿被缚在崖石上,也不愿做宙斯的忠顺奴仆。"

普罗米修斯精神是一种反抗精神,象征着人与自然决裂的决心,在创造而受罚与服从不受罚之间,人决心铤而走险,宁愿做一个随时会遭受自然惩罚的主体。

第二,人是存在的中心。

古希腊哲学家苏格拉底对这种最初的主体意识给予了"天生我材必有用"的目的论式的哲学解释。苏格拉底认为,世界是秩序井然的,一切存在都有一定的目的。有眼睛,也有用于被看的东西;有耳朵,也有用于被听的声音。事物之间这种巧妙精确的功用配合绝非偶然,一定出于一种充满理智的、深思熟虑的良苦筹划。他认为,世界秩序的伟大设计师是神,在一切生灵之中,神独偏爱人,把直立行走、能说会道、有灵有性这一切优越性只给了人。他称灵魂为"人的最优越的部分","和别的动物比起来,人就像神一样,在身体和心灵两方面,都天生比它们优越"[①]。他号召人们"认识你自己",因为"人就和神一样"。认识了自己也就是认识了神。阿波罗的世界不再是梦幻,而是通过理智的认识就能达到的此岸世界。

第三,真正的主体是个体。

苏格拉底的传人亚里士多德第一次明确提出了主体的概念。他认为,"实体,就其最真正的、第一性的、最确切的意义而言,乃是那不可以用

---

① 《古希腊罗马哲学》,169~170页,北京,商务印书馆,1982。

来述说一个主体、又不存在于一个主体里面的东西"①,"第一实体之所以最正当地被称为第一实体,是因为它们乃是所有其他东西的基础和主体"②。在亚里士多德看来,主体就是实体,是某种属性的承担者,在一切实体中,只有个别事物才是第一实体,即一切属性的最基本的承担者。真正的主体是个别事物,它总是要灭亡的,在它之上还需要有一个永不消灭的最高实体——神。个别事物都以神为最终目的。人作为个别事物,也是一个主体,也以神为目的,实现了这一目的,人就达到了至善的境界。

亚里士多德虽然没有用主体概念描述人的特殊性,但他区分了人、自然、神三者之间的关系。在现实生活中,人是一切存在的中心,因为人有理性的优越性,可以利用自然事物实现自己的目的;在理想世界中,神是一切存在的中心,是一切存在的最后归宿,自然则只是低于人的存在,只能为人的目的服务。这一分化是日神精神和酒神精神对立的延续,预示着现实(自然)应予抛弃,理想(神)只在彼岸。主体性(神性)与自然性是不能共容的。人必须超越肉体存在和自然对象,追求现象背后的真正实体。

至此,主体意识由自恋意识发展为人类自我中心意识。人类自我中心意识是以人为一切存在的中心,一切存在都为人的目的而存在,都是受人的目的支配的自我评价。人类自我中心意识的出现,标志着自我意识和对象意识的分离,以使人成为存在中心的方式,体现出人的主体意识。人类自我中心意识肯定了人对自然界的优越地位,实际上已经把人和外部世界区分为主体和客体,只不过人尚未自觉到这一区分罢了。受这种自我中心意识的影响,托勒密提出了地心说的宇宙观。他认为:地球是宇宙的中心,日月星辰均围绕地球旋转。这种宇宙观使人类位于宇宙中心的地位。

人类从反抗诸神到归于神,自我中心意识有两个明显的错误:

第一,把自恋意识膨胀为自大意识。

人的中心地位只是人自己的评价,是把自然拟人化的结果。目的论哲

---

① 《古希腊罗马哲学》,309页,北京,商务印书馆,1982。
② 《古希腊罗马哲学》,312页,北京,商务印书馆,1982。

学用人类活动的目的性来解释自然界的存在秩序，亚里士多德说得明白："在智力活动中是怎样，在自然中也是怎样……智力活动是为了一个目的的；因此事物的自然也是如此。"①

第二，为一神教的权威奠定了基础。

人类自我中心论打破了人和自然神祇的平等关系，消除了自然神祇的存在，把一切创造的根源集中到宇宙的"最高目的"上，这正是后来宗教神学利用目的论哲学的根由。上帝把人类放在宇宙的中心位置，人的中心地位恰恰是上帝的智慧和力量的证明，人确保中心地位的唯一办法是皈依上帝，争做上帝的"选民"。这种意识后来发展为民族自我中心论。一部分人声称自己才是上帝的"选民"，而把另一部分人视为上帝的"弃民"。各民族大都把自己置于地球上的中心位置。如我国自称"中国"，欧洲人把世界分为近东、中东和远东。

向上帝低头，是西方分化的人类自我中心论的必然归宿。分化的人类自我中心论的核心是强调人与自然的对立。人之为主体，应该与自然彻底分化，分化的目标是摆脱世俗，上升到神的世界。这一矛盾集中体现为人自身灵与肉的冲突。要与自然彻底分化，人就必须摆脱自己的肉体，摆脱肉体只有死亡，否定现世生活。灵魂的拯救自然被看成是一种神秘境界。人自尊自大的前提是拥有足以自尊自大的资本，这种资本便是自我意识。然而，面对强大的自然力，仅有自我意识是远远不够的。古人最大的愿望莫过于把自然纳入人的目的之中，但这对他们来说，往往又是可望而不可即的。他们徒有为所欲为的愿望，却没有为所欲为的能力；徒有向自然挑战的决心，却没有抵抗自然惩罚的力量；徒有自居中心的理想，却没有中心地位的支撑点。普罗米修斯虽宁死不屈，但最终只能戴着锁链，在雷鸣电闪中被沉入海底。刚刚获得自我意识的人类有如坦塔罗斯②，明明看到

---

① 《古希腊罗马哲学》，256页，北京，商务印书馆，1982。
② Tantalus，希腊神话中主神宙斯之子，因粗暴行径被罚永世站在上有果树的水中。水深及下巴，口渴想喝水时水即消退，腹饥想吃果子时树枝即升高。

水和果子，却无力喝到、吃到。身临这样的窘境，相信有一种更强大的力量，会在遥远的将来使人得到一切，不失为一种精神支撑。

因此，尽管人类活动实际上使世界分裂为主体和客体，但人在意识和能力上还不是主体。在人和自然、主体和客体之间，需要一个偏袒人类的最高裁判者。人力所不及，他力所及；人不知所归，他知所归。只有这样，人才能心安理得地居于宇宙的中心。上帝虽然使人类失去了真正的主体地位，却能在精神上保住人的优越感和自我中心意识，上帝实质上是外化了的人类自我理想。在上帝身上，寄托着人成为宇宙中真正主宰的美好希望。所以，尽管事实上上帝成为剥夺人的主体性、奴役人的心灵的异己力量，人类还是以极大的忍耐去信奉上帝。

与人类自我中心论相对立的自我意识倾向是自然中心论。自然中心论和自我中心论的不同之处在于，自然中心论继承了酒神精神的传统，在灵与肉之间选择肉体，在神与自然之间选择自然。伊壁鸠鲁的自然主义和早期斯多噶派就是自然中心论的突出代表。伊壁鸠鲁认为，人的灵魂是由一些特殊的精微而又活泼的原子构成的，灵魂包含在肉体中，分布在身体的整个堆积物中，灵魂是肉体生存的原因。但是，它并不能脱离肉体而独立存在，必须和肉体相结合才能构成生命的原因。神也是由原子构成的，他们并不过问人类的事，它们只管自己的事，也像人一样谨慎地过着快乐的生活。

伊壁鸠鲁认为，自然才是自由。正如马克思评价的那样，"在宣称自然是自由的时候，他重视的只是意识的自由。"[1]灵魂的作用不是把人束缚起来，剥夺人的情欲，而是为了追求生活的快乐。"快乐是我们天生的最高的善"，"是指身体的无痛苦和灵魂的无纷扰"[2]。追求快乐不是顺从命运，而是一种行动自由。哲人"不信有些人拿来当作万物之主的那个命运，他认为我们拥有决定事变的主要力量，他把一些事物归因于必然，

---

[1] 《马克思恩格斯全集》，第40卷，49页，北京，人民出版社，1982。

[2] 《古希腊罗马哲学》，367~368页，北京，商务印书馆，1982。

一些事物归因于机遇，一些事物归因于我们自己。因为必然取消了责任，机遇是不经常的，而我们的行动是自由的，这种自由就形成了使我们承受褒贬的责任。就是听从那些关于神灵的神话，也比做自然哲学家们所主张的命运的奴隶好得多。因为神话还给我们指出一点希望，可以借崇拜神灵而缓和神灵的震怒，至于命运则对于我们显得是一种不可挽回的必然"[①]。

斯多噶派哲学家也主张自然即自由，但结论和伊壁鸠鲁截然不同。斯多噶派有两个著名的命题："善即合乎自然""自由即自主"。所谓合乎自然，就是合乎宇宙的普遍法则，即渗透于一切事物之中的宇宙理性、命运，也就是神。这个神决定所有事物的本性，支撑着井然有序的世界。神不是肉体所能达到的，人只能通过灵魂才能与神对话。灵魂并无与神抗争的力量，留给个人的只有默默的忍受和无可奈何的叹息："我们个人的本性就是宇宙的自然的一部分，合乎自然的方式的生活就是至善。"[②]合乎自然，也就是自我服从命运的强制，不干根本不可能办到的傻事，人人在劫难逃，不要指望天上掉馅饼的美事。塞涅卡说得精辟：

> 愿意的人，
> 命运领着走；
> 不愿意的人，
> 命运牵着走。

命运虽不可违，但人仍有愿意和不愿意之分。领着走比起牵着走，仍算得上一种自由。"自由即自主"是说个人自我承受、理解命运的精神自由。贤者和恶人的区别就在于贤者懂善恶之辨，按理性生活，从不违反自然法则，处处约束自己。当个人和命运相冲突的时候，"我要满足于一切

---

① 《古希腊罗马哲学》，369页，北京，商务印书馆，1982。
② 《西方伦理学名著选辑》，上卷，215页，北京，商务印书馆，1964。

到来的事物";当自我和他人相冲突时,"我就不做不合法的事"。处处约束自己,是"由于记着我是这样一个全体的部分"[1],何必为了自己的一个小小部分,和那个无所不包的自己过不去呢?

在斯多噶派看来,个人的自我不过是天地——大我之中的小我,肉体恰恰是约束小我融合到大我之中的障碍。拘泥于肉体生活是愚蠢的,重要的是保持个人的精神自由。只有在高尚的精神境界里,人的心灵才能和那神秘的世界对话。自我不能选择命运、安排命运,但可以选择和安排承受命运的方式,"自由是自主的行为的力量"[2]。

爱比克泰德有段精彩的独白:"我必须死,那么我也必须呻吟着死吗?我必须被锁禁,那么我也必须是悲哀着的吗?我一定要被放逐,但是我可以微笑着、愉快地、宁静地去,有什么拦阻我这样做呢?'泄露一件机密。'我不泄露,因为这在我自己能力之中。'那么我就要锁住你了。'你说什么?锁住我?你锁得住我的腿,可是宙斯自己也强不过我的自由意志。"[3]这段话道出了生活中极大的悲哀。面对强权和奴役,在争也无益、哭也无济的绝境中,泰然自若也许是唯一能体现人类自尊的方式。这使人想起铁达尼号轮船沉没之际,甲板上那始终不停演奏的乐队。人生的终结不可抗拒,不妨来一个善始善终。

自然中心论主张大我和小我,企图调解由于自我意识诞生导致的人与自然的冲突。这种倾向潜在地揭示了灵魂和肉体冲突的实质是人与自然的冲突。在这场冲突中,文化和自我意识的矛盾已经显露出来:文化究竟是对人的束缚还是解放?是代表自然还是代表神?自然中心论的回答是和人类中心论相反的。人类中心论肯定文化的创造性、主体性,而自然中心论则意识到文化对人的约束和自我的无奈。自然中心论的解决是人复归自然。这种复归不是还原,而是人在精神世界中保持着与自然的和谐。

---

[1] 《西方伦理学名著选辑》,上卷,253页,北京,商务印书馆,1964。
[2] 《西方伦理学名著选辑》,上卷,227页,北京,商务印书馆,1964。
[3] 《西方伦理学名著选辑》,上卷,233~234页,北京,商务印书馆,1964。

人类中心论和自然中心论殊途同归，最终都向神屈服，这是最初的自我意识的必然归宿。自我意识要追究文化的本质和根源。由于人的自尊，那个能够包容自我、文化和自然于一体的本原，必然具有人的现实的和理想的特点，以成为人创造文化的支撑，于是，自我意识外化为上帝，以全知全能、包容天地的大我的形式，体现着人类的自我理想。

上帝的存在，不仅赋予人以理想的归宿，而且是创造与惩罚、灵魂与肉体、人与自然冲突的最终解决。创造文化对人是利是弊，取决于是否领有上帝的承诺。为了取得上帝的承诺，必须抛弃肉体和自然，灵魂与上帝融为一体。因此，在古代人看来，自我意识和文化是一体的。

三、人与自然的矛盾

古代西方自我意识殊途同归，最后都屈服于命运，这说明古代世界的自我意识是不成熟的。人类尽管把自身置于中心地位，但对自己仍缺乏信心。一个孩童从梦中醒来，发现自己四处碰壁，只好再编一个美梦来安慰自己，这就是古代主体意识的历史缩影。上帝之梦悠悠千载，直到文艺复兴，人们才被唤醒。

文艺复兴提出了两个基本原则：人性至上和理性至上。从这两个基本原则出发，人类自我意识由古代人类自我中心论，发展成为近代人类自我迷信，也就是人的自我崇拜。人确信自己不仅是宇宙的中心，而且是宇宙中的最高存在，是宇宙的主宰，因而人类历史始终向善的方向发展，最终达到至善的境界。

古典人道主义和古典理性主义，是人类自我迷信的两种基本形态。

人性自我迷信是古典人道主义的精神实质，相信人类有一种先天的自然本性，这种本性比之动物，有先天的优越性。只要人遵循自然本性生活，人就能成为自己生活和整个世界的最高主宰。

人性自我迷信起源于人对宗教迷信的反抗。随着资本主义工商业的兴起和科学技术的发展，人类认识和改造自然的能力空前提高。上帝说过的事情，人类自己证明是错的。塞尔维特发现血液并没有流到人脑，却流进了心脏；伽利略和哥白尼发现地球不是宇宙的中心。上帝没说过的事，人类自己发现、创造出来了。马可·波罗发现了中国，一个没有上帝却依旧发达的国度；哥伦布发现了新大陆。上帝禁止的事，人类做了，却没有遭到报应。航海王子亨利[①]的水手驶过了博哈多尔角，安然无恙地返回欧洲。上帝的权威渐渐动摇了。米兰多拉笔下的上帝，已失去了昔日斥责亚当的神威，无可奈何地叹道："亚当啊，我们既不叫你只待在什么地方，也不规定你长成什么样子、专门做什么事情，这些你都可以随意选择，按你的意志、你的决定去办。其他造物的形貌在我们制定的法律中都规定了。对你没有任何限制，你就按自己的决定来确定自己的面貌吧，我给你这个权。"

随着宗教意识的衰落，古典人道主义渐渐支配了人们的思想，把人们引向人类自我迷信。古典人道主义大致经历了三个发展阶段。

第一个阶段是文艺复兴运动。

古典人道主义的兴起，引起了人类自我意识的重大转变。

首先，人性取代了神性的中心地位，人所追求的只是人自己。佩脱拉克声称："我是凡人，我只关心凡人的幸福。"所谓凡人的幸福，就是指满足人的种种欲望。宗教神学把人看成是有罪的，是上帝的奴仆，人生的意义在于赎罪、侍奉上帝、不断折磨自己的精神和肉体。发现人，就是解除人和上帝之间救赎与主奴的关系，把人的正常生活、人本身摆在第一位。于是，"意大利人只想及时行乐，把人生变作一个盛会。他们觉得

[①] Henry，文艺复兴时期西班牙航海家。

为别的事情操心是冤枉的；最要紧的是让精神、五官，尤其眼睛，得到享受，豪华的大规模的享受。"①

其次，个性取代人类意识的中心地位，主体意识最终落实在个体上。中世纪的绘画、雕塑中的人物往往头带灵光，表情呆板，千篇一律，而文艺复兴期间的艺术则着力刻画个人、个性，拉斐尔的《圣母》，波提切利的《维纳斯的诞生》，达·芬奇的《蒙娜丽莎》《最后的晚餐》，表现的都是有血有肉的、活灵活现的、各具特色的普通人。文艺复兴时代的文人格外重视日记和自传，着力描写自己。

第二个阶段是16~18世纪的欧洲哲学。

哲学家们从三个方面对古典人道主义进行了系统的理论阐述，全面肯定了人的主体意识。

首先，肯定人类共性和人的自然本性。他们认为，人性是人人具有、与生俱来、永恒不变的。人性就是趋利避害、自保自爱的自然本性和理性，以及"人人生而自由和平等"。这样，就把人的主体性看成是先天的、既定的、永恒的。

其次，肯定人的创造性和自主自决。维科认为，历史是人们自己创造的。他说："民政社会的世界确实是由人类创造出来的，所以它的原则必然从我们自己的人类心灵各种变化中就可找到。"②他发现，各民族所有的历史全部从神话故事开始，这些"最早的寓言故事一定包含着民政方面的一些真相，所以必然就是最初各民族的一些历史"③。各民族都自称是天神的后代，因为天神们是从地上升到空中的，越往远古追寻，天神住得离人越近，那些天神原来也是凡人，是一些对民族的生存发展有过重大贡献的人。他们是被自己的后代们"捧"到天上去的。神创造世界的故事乃是人创造的，是人们自己创造自己历史的写照。维科的这一思想在当时未

---

① 丹纳：《艺术哲学》，101页，北京，人民文学出版社，1983。
② 维科：《新科学》，134~135页，北京，人民文学出版社，1986。
③ 维科：《新科学》，101页，北京，人民文学出版社，1986。

受到社会的普遍重视。人们对人的创造性的根源也未能正确理解,摇摆在"意见支配世界"和"环境决定人"的悖论之间。

再次,肯定个性自由,以个人为真实的主体。个性独立自主和人人生而自由和平等,是个性自由的两个基本原则。卢梭宣称,"我独一无二,我知己知人,我天生与众不同;我敢说我不像世界上的任何人,如果我不比别人好,那么我至少跟别人两样。大自然铸造了我,然后就把模型打碎了。"个性的独一无二性使每个个人都获得了存在的价值。在卢梭看来,社会不能剥夺个性的独立权利,社会是个人实现个性的手段,体现着一种因个人实现个性出让权利而形成的契约关系。在这种关系中,每个个人都享有主权。

第三个阶段是费尔巴哈的人本主义哲学。

费尔巴哈把主体意识投射到人与自然的关系中……思想与存在的关系中,把人看成这些关系统一的基础。费尔巴哈认为,人是自然的一部分,人是同时兼有物质和精神、灵魂和肉体、思维和存在的实体。因此,主体和客体处于以人为基础的统一之中。"思维与存在的统一,只有在将人理解为这个统一的基础和主体的时候,才有意义,才有真理。"[1]

古典人道主义是绝对肯定自我的主体意识。它的积极意义体现在把人的主体性真实化:从上帝复归于人,从个人之上复归于个人。在中世纪,人是"假主体",头上有上帝,身内无个性。古典人道主义使人成为真实的主体。

但是,正是这种绝对肯定,使主体意识异化为主体的自我迷信。

首先,人性的先天假定是人的自恋意识又一次显现的结果。人性是古典人道主义的根基。人性先天性的最大优点,是使人的优越性得到自然的认可,使之成为不可更改的必然趋势,从而确保人在宇宙间永恒的主体地位。可是,先天人性仅仅是一种人为的假定,它无法排除另一种假定:人性不是先天的,而是后天的、可变的。人在两种假定之间作了价值抉择,

---

[1] 《费尔巴哈哲学著作选集》,上卷,181页,北京,三联书店,1959。

选择了于己有利的倾向。

其次，夸大了人性向善的倾向。古典人道主义者不否认人性恶的一面，但他们并不认为这种恶的发展有可能取代人性善的倾向。这又是一个迷信自我的善良愿望。他们认定人生而自由和平等，不过是把希望当成了既定事实。特别是费尔巴哈，他认为爱是存在的标准——真理和现实的标准。

费尔巴哈把人类的未来完全寄托在爱上，宣称爱是新哲学的真理。恩格斯批评他"没有想到要研究道德上的恶所起的历史作用"[1]。

这种夸大产生了的世界向善论[2]，即关于人类进步的神话，相信人类历史自然而然地向善的方向发展，最终达到至善。这种信念在19世纪达到顶点。空想共产主义就是它的产物，甚至达尔文的进化论也被世界向善论曲解为它的科学证明。人虽然源于猴子，但从猿到人是自然而然的进步；同样，从人到人的未来也是如此。人过去对神所持的态度，如今用到人自身。对人类自我迷信来说，"人＝神"，人是绝对的、万能的、至善的宇宙主宰。

理性自我迷信是古典理性主义的精神实质。理性自我迷信相信理性是先天的、万能的，依靠理性的力量，人类最终能征服整个世界，成为最高主宰。

理性主义是人道主义的一种表现形式，强调人性中理性因素的决定力量。广义的理性主义与蒙昧主义、信仰主义相对立，反对迷信，主张依靠人类自身的精神活动独立地认识世界；狭义的理性主义与经验主义相对立，主张概念、判断、推理等思维活动对认识的决定作用。我们这里所说的理性主义，是广义的理性主义。古典理性主义大致经历了三个发展阶段。

第一个阶段是经验论和唯理论，通过肯定理性的力量，肯定人的主

---

[1] 《马克思恩格斯选集》，第4卷，233页，北京，人民出版社，1972。
[2] neliorxm，源于拉丁语"更好"。

体性。

经验主义的创始人培根提出了一个著名的口号:"知识就是力量。"培根认为,人类的认识来源于自身经验,由此形成知识和科学的理性力量。可以用自然原因说明世界,发现自然规律,从而使自然服从人类精神,受理性力量的支配;人和自然的关系不是目的论的关系,而是认识和利用的关系;目的论是最危险的偶像;亚里士多德用逻辑破坏了自然哲学,用范畴形成世界。培根把人类自我中心论称为"种族假象",是以人的感觉为万物的尺度,把人的性质和事物的性质混淆在一起。培根对目的论的批判提高了主体的科学性,人之成为主体,不是外在目的预先确定的,而是人的知识力量形成的。

唯理主义的创始人笛卡尔则提出:"我思故我在。"笛卡尔认为,对人来说,最可靠的不是信仰,而是理性。当我们动用理性思考时,最清晰明白的事实就是人的自我意识——"我在思考"。这个精神的自我是独立的实体,是人的一切行为的主体。这种能够自我肯定的理性力量不是来自后天经验,而是天赋的、先天的。唯理主义第一次从逻辑上肯定了人类自我意识的主体性,这是划时代的贡献,但"天赋观念"的意识把外在目的论修正为内在目的论,最终使主体意识发展为自我迷信。

第二个阶段是康德的批判哲学。

康德明确地把人与外部世界的关系归结为主体和客体的关系,深刻地揭示了主客体之间能动和受动的二重化关系。

首先,康德把哲学归结为人学,即人的自我意识。他认为,哲学所从事的事业可以归结为这些问题:我能够认识什么?我应该想什么?我能够期望什么?什么是人?

从本质上说,所有这些可以归结为人类学,因为前三个问题都从属于最后一个问题。

其次,康德认为,"人为自然立法。"经验主义强调认识来源于经验,唯理主义强调认识来源于理性的天赋观念,康德则超越了二者的对立。他认为，人的认识来源于经验，但人有综合整理经验事实的先天能力——先天综合判断能力。因此，知识不是纯粹的对客体的认识，而是关于现象的知识，现象并不是纯粹的客观现实，而是人的意识事实。知识是客观内容和主观形式的统一，人关于自然的认识，实质上是对自然的规定。

再次，康德认为，"人是目的。"根据"人为自然界立法"的原则，人只能认识现象，无法接近事物的本质。任何超验的存在，如上帝、灵魂、实体，都是不可知的。因此，人只能是自己存在、行动的主体。人的活动所遵循的法则，只能是人自我决定、自我约束。他提出了三条普遍的行为准则。第一条法则是，不论做什么，总应该做到使你的意志所遵循的准则永远同时能够成为一条普遍的立法原则。这种既对个人又对他人有效的普遍法则，就是人的本性、人性。第二条法则是，你必须这样行动，无论是你自己或别的什么人，你始终把人当作目的，而不把他只当作工具。人是目的，不是手段。第三条法则是，各个有理性者的意志都是颁布普遍规律的意志。所有人的法则都是自己建立的。人主动服从的是自己理性制定的律令，而不是被动地服从于外部世界的必然，这就是人的"意志自律"、人的真正价值，人的主体性就在于人能够自律、自己决定自己。

康德对主体论述的伟大意义在于建立了一个全面、系统的主体理论，充分肯定了人的主体能动性。经验主义和唯理主义虽然因认识来源问题争得不可开交，但他们在认识对象和认识者的关系上，却存在着共同意识：客观对象是绝对的，无论人的认识是什么，都必须使认识服从于对象，使主观服从于客观。他们的认识论都未能突出人的主观能动性。康德提出"人为自然立法"，强调客观对象是主观创造的，它要服从主观的规律：不是人被动地反映自然，而是人创造自然。这的确是康德自称的"哥白尼式的革命"。

海涅半开玩笑半认真地说，康德扮演了一个铁面无私的哲学家，他袭击了天国，杀死了天国全体守备部队，这个世界的最高主宰未经证明便倒在血泊中了。

康德提出"人是目的",人的一切都在人的自身活动之中的理论,实际上是用理论理性杀死了上帝,它不但标志着古典哲学追求外在主体性的时代的终结,而且标志着古典人生哲学的终结。

第三个阶段是以黑格尔为代表的思辨唯心主义。

思辨主义把康德确立的"人是目的"的主体意识发展为人的自我迷信。康德哲学的主体意识有两个弱点:一是"人为自然立法"的口号夸大了人的能动作用,是唯心主义的;二是认为本体可望而不可即,是不可知论的。费希特赞赏康德敢为自然立法的勇气,却不赞赏康德不敢追求本体的谨慎。他认为,认识是自为的精神活动,而主体就是"理智""精神""自我意识"。"自我意识"是"自我建立自我",是自身活动的产物。认识对象是"非我",也是自我建立的,通过自我的主体活动,自我和非我便能达到统一。这种观点消除了不可知论,但把主体膨胀为独立自决的主宰。

重新为主体建立本体的使命,是由黑格尔完成的。黑格尔认为,"绝对精神"是宇宙的真正主宰,它既是本体,又是主体。他说:"一切问题的关键在于:不仅把真实的东西或真理理解和表述为实体,而且同样理解和表述为主体"[①],"说实体在本质上即是主体,这乃是绝对即精神这句话所要表达的观念"[②]。人类社会和外部世界都是"绝对精神"自我运动的产物。"精神就是这种自己变成他物,或变成它自己的对象和扬弃这个他物的运动。"[③]

黑格尔认为,自由是"绝对精神"这一主体的本质。他说:"'精神'的实体或者'本质'就是'自由'","'自由'是'精神'的唯一

[①] 黑格尔:《精神现象学》,上卷,10页,北京,商务印书馆,1979。
[②] 黑格尔:《精神现象学》,上卷,15页,北京,商务印书馆,1979。
[③] 黑格尔:《精神现象学》,上卷,23页,北京,商务印书馆,1979。

真理"①。自由就是"自己依赖自己，自己是自己的决定者"②。世界历史无非是自由意识的进展。人的自我意识不过是绝对主体克服自身外化的一个发展环节。人对外部世界的主体性不过是"绝对精神"借以自我肯定的形式。因此，人存在的使命就是发扬主体性，消除客体的异己性，最终使"绝对精神"的自我运动返回自身。

黑格尔更为关心主体性的实现过程。他认为，主体性对于人来说，只是一种逻辑先在性，它的实现是一个由潜在到现实的过程。在天然状态中，人的主体性并未表现出来，人们缺乏自我意识，完全受感性冲动支配，无主体和自由可言。人类只有形成自我意识，把自己和野兽在观念上区别开，意识到人类自身的规定性，才能按照人性的要求，主动限制原始的本能和兽性的情感，在自我决定中获得自由。

黑格尔认为，人的主体性只有在社会关系中才能实现，人的本质取决于人与对象之间的关系。单纯以自然为对象，人只是自然的人，不是主体。自我意识的确立必须以他人为对象。"自我意识只有在一个别的自我意识里才获得它的满足。"③在人与人的关系中，任何人都既是自我，又是自我的对象。就任何个人都是自我而言，人人都是主体。人类的主体性也就是全体的自由性。如果只把自己当成主体，而把他人当成对象，就会产生人与人之间的主奴关系。

主奴关系的出现，表明人已经脱离了自然人的阶段。自我作为一个主体，必须拥有对象，借以表现自己的主体性。这意味着人与人之间肉体消灭意义上的生存斗争的终止。在黑格尔看来，主体性和对象性、自由和奴役，不是截然对立的，自由、主体性不能仅凭"善良愿望"显示自己的力量，恶也是主体自我实现的一种手段。他直言不讳地说："一个'世界历史个人'不会那样有节制地去愿望这样那样事情，他不会有许多顾

---

① 黑格尔：《历史哲学》，55页，北京，三联书店，1956。
② 黑格尔：《小逻辑》，83页，北京，商务印书馆，1980。
③ 黑格尔：《精神现象学》，上卷，121页，北京，商务印书馆，1979。

虑。……在他迈步前进的途中，不免要践踏许多无辜的花草，蹂躏好些东西。"①

在分析主奴关系中，黑格尔第一次提出了主体和劳动的关系。他认为，在主奴关系中，奴隶劳动，主人享受。从表面上看，奴隶劳动是为主人服役，是被迫的，不能自主的。但奴隶通过劳动，实际上确立了自己在自然界面前的主体地位，确证自己作为人的本质。相反，主人不劳动，只能依赖奴隶而存在，丧失了自己的主体性，完全把自己的命运交给了奴隶，只剩下表面的颐指气使。在劳动中，创造和成功消除了奴隶对主人的恐惧感，预定了奴隶必然解放，获得自由的命运。

黑格尔的主体观充满了辩证精神。他把世界看成是主体自我分裂、自我统一的辩证过程，把人的主体性看成是由潜在到现实的辩证运动，并产生了劳动使人成为主体的萌芽思想。他的确完成了重建主体的本体论的使命。但是，黑格尔的主体观仍然是一种客观唯心主义。黑格尔意识到康德式挑战的艰巨性：人的主体性无法和世界的本体性相容。他的解决办法是膨胀人的主观性，使之最后吞并人类和整个外部世界，把主观性的精神看成可以脱离人的头脑独立存在的绝对主体。马克思批判他说，在黑格尔那里，"主词和宾词之间的关系是绝对地颠倒的：这就是神秘的主体—客体，或包摄客体的主体性。"②主观和客观关系的颠倒，实际上复活了上帝，康德用理论理性杀死了外在目的论的上帝，黑格尔则用思辨理性救活了内在目的论的上帝。

由于"绝对精神"这一新上帝的降临，世界被降为"绝对精神"自编自导自演的一出喜剧，人不过是舞台上的主角，替理性做各种表演。"现实的人和现实的自然界不过成为这个潜在的、非现实的人和这个非现实的自然界的宾词、象征。"③人和理性之间的关系发生了颠倒，理性是

---

① 黑格尔：《历史哲学》，72页，北京，三联书店，1956。
② 马克思：《1844年经济学—哲学手稿》，129页，北京，人民出版社，1979。
③ 马克思：《1844年经济学—哲学手稿》，129页，北京，人民出版社，1979。

主体，人反而成为理性的客体。尽管黑格尔辩证地指出，主体性对人而言是一个生成过程，但笼罩在这一过程之上的仍然是一种逻辑先在理性。因此，主体性作为人的本质，仍然是先在的、既定的。黑格尔的最后结论是："理性统治一切。"

从"知识就是力量"到"理性统治一切"，贯穿近代欧洲意识形态的是人类的自我迷信精神。这种精神摧毁了宗教神学，实现了个性解放，树立起人的绝对权威，推动了人类征服自然、认识自然的近代工业革命，在人类历史上写下了光辉的一页。但是，这种建立在夸大人的力量基础上的人类自我迷信精神，不但没有动摇人类自我中心论，反而大大强化了人类自我中心论。过去需要上帝的保证，如今只需要人类自己。"给我物质，我就能创造出宇宙"，就是这种自我迷信的充分表达。人类实际上是用对自我的迷信代替了对上帝的迷信。

这种意识导致了人类万能论的产生。人类相信，只要有人性和理性，人就无所不在、无所不能。人类开始以主子的身份出现在自然面前，口号是征服陆地、征服海洋、征服天空、征服自然。这一切都随着工业革命的发展，机械代替自然力而迅速实现了。19世纪末到20世纪初，是人类自我迷信和人类万能论的鼎盛时期。儒勒·凡尔纳的小说充分展示了人类豪迈的自信，无论是尼摩船长、福特先生还是格兰特船长的儿女[①]，都用他们的故事重复着同一个主题：

知识就是力量！
理性统治一切！

文艺复兴以来的人类自我迷信思潮，把人类自我意识推向了顶峰。古代自我意识的归宿是把人性和自然性统归于神性，近代自我意识则把颠倒的位置再颠倒回来。神性即人的理性，自然性即人的自然本性，二者最终

---

① 凡尔纳作品中的人物。

都统一于人性。人性是一个包容神与自然于一体的大写的自我。自我的理性对象是超验世界，自我的感性对象是经验世界。超验世界和经验世界构成了与人相对应的外部世界。这样，自我意识的矛盾就由灵魂和肉体的冲突发展为人与外部世界的冲突，或者说，是理想与现实的冲突。自我作为一个理想存在，要求外部世界提供理想的现实性，这并不是人的奢望，因为人类自我迷信论者相信文化的力量。在他们看来，文化是自我对自然的征服，是对人的绝对肯定。

就像辽阔的海面常有恶浪翻滚一样，人类自我迷信的大合唱中也有不协调的反调。其中唱得最凶的要数让·雅克·卢梭。和他的同时代人一样，卢梭从科学和技术的进步中发现了问题，只不过他的发现和其他人的发现完全是两回事。他给理性的狂热兜头泼了一瓢冷水。在他看来，文化不但不会征服世界，反而是人堕落的原因；不是文化征服世界，而是文化征服人。

1492年，哥伦布航海来到美洲，他看到了一群天真纯朴的印第安人。此后，越来越多的水手涌向新大陆，带回欧洲的不仅有金银财宝，还有越来越精彩的有关"野蛮"的故事。最初，"野蛮人"总是被描写成一群信奉鳄鱼和枯树的肮脏懒惰的废物。后来，那些贪婪粗野的水手们又被"野蛮人"纯朴好客、坚忍耐劳、诚实不贪的美德感动得自惭形秽。由此产生了原始状态是人类的"黄金时代"的神话。

卢梭尽管不是这些神话的创作者，但至少为这些神话提供了权威性。他认为，文化对人类自我是否定的。人在自然状态中是自满自足、自由自主的自我。他充分发挥他的想象，认为"野蛮人漂泊在林中，没有技艺，没有语言，没有住所，没有战争，也没有联络，对于他的同类没有任何需要，也没有任何危害同类的欲望，很少动感情，满足于自身，因而只具有那些适合于这种状态的感觉和知识；他只感受到他的各种真实的需要，只注意他认为有必要去看的东西，他的智力发展不出他的妄想范围"[①]。

---

① 《十八世纪法国哲学》，152页，北京，商务印书馆，1963。

但是，在欧洲人身上，却看不到这种原始的和谐。原因何在？卢梭认为，罪魁祸首就是文化。文化并不是人类美德发扬的结果。"天文学生于迷信，雄辩术生于野心、憎恨、谄媚和妄语，几何学生于悭吝，物理学生于一种虚浮的好奇。所有的科学，连道德学在内，都是生于人类的傲慢。因此科学与艺术的诞生应该说是由于我们的过恶。"[①]文化恰恰是人的缺陷得以发扬的产物。文化发展的结果是自然状态的丧失。科学艺术雕琢了纯朴的风光，败坏了原始风俗，带来了欺诈、虚伪、矫揉造作、贪婪懒惰、骄奢淫逸、暴力及不平等。

在卢梭看来，自我意识的任务不在于强化人类的傲慢，而在于从文化中拯救失去的原始状态。人们往往以为卢梭主张历史倒退，返回原始的"黄金时代"，从文化复归野蛮。其实这是对卢梭的误解。从一个底层人到跻身思想家的行列，卢梭深深体会到教育开化对人的发展的意义。他批评文化是使人堕落的根源，用意并不在于抛弃文化，而在于号召人们改造文化，用合乎人类理性的文化取代造成人类不平等的那种文化。在包括卢梭在内的启蒙学派的哲学家们看来，理性完全合乎人的自然本性。

卢梭认为，在自然状态中占支配地位的是人的自然情欲，而并不是理智和良心。按照理智和良心生活的状态被卢梭称为公民状态。在这种状态下，人"必须在听从自己的欲念之前先咨询自己的理性。虽然在这种状态中失去了许多得之自然的方便，他却赢得了这样大的收获，他的各项能力得到了锻炼和发展，他的心思开阔了，他的感情高尚了，他的整个灵魂提高到了这样的高度，如果不是这个新状态的种种流弊常常使他堕落到原有状况以下的话，他是应当会不断地歌颂那个使他从此摆脱旧状况，使他从一个愚昧狭隘的动物变成一个理智生物、变成了一个人的时刻的"[②]。

卢梭认为，要获得理智的自由，势必失去天然自由。他觉得人付出这样的代价是值得的，因为只有精神自由，才能使人真正成为自己的主人，

---

① 《十八世纪法国哲学》，147页，北京，商务印书馆，1963。
② 《十八世纪法国哲学》，174页，北京，商务印书馆，1963。

因为单纯的欲望的冲动乃是奴役，服从自己制定的法律才是自由。

从总体的精神倾向上看，卢梭并没有超出理性至上的范围。他对文化的批判，无非是想说文化有合理的和不合理的之分。合理的文化就是合乎理性的文化，它可以提高人在外部世界面前的尊严；不合理的文化就是非理性的文化，它不但不能提高人在外部世界面前的尊严，反而会使人堕落。这种观点比起近代流行的文化至上思潮有其优越性。人们当时猛烈抨击封建专制和宗教迷信，鼓吹教育至上、知识万能，并没有把封建专制和宗教迷信看成文化，而只当作愚昧。这种倾向掩饰了文化的缺陷，给人一种文化至善的假象。相比之下，卢梭的观点是较有远见的。

但是，卢梭虽然发现了问题，却缺乏时代气息的帮助。他所生活的时代，理性和人性正日渐威风，人们求之还来不及，根本无暇顾及什么后果。尽管资本主义原始积累是残酷的，但社会却不断以劳动人民的血汗为代价取得发展。底层的悲剧在不断谱写人类历史上惊天动地壮举的乐章：人们征服自然力，征服海洋，征服陆地，不断有新的发明创造。相比之下，劳动人民的悲剧则变得微不足道了。人们完全被理性的光芒笼罩着，卢梭的伤感不过是众人沉梦中的早啼。人人都沉入梦乡，唯独卢梭不眠而鸣，就很难唤起共鸣。

卢梭关于"黄金时代"的神话，事实上扭曲了文化否定性这一主题。讴歌野蛮为文明、落后为理想，不仅使人难以置信，而且完全颠倒了文化否定问题。文化否定并不是说文化拿走了人应有之物，而是说由于人创造文化带来了对人不利的伴生现象。卢梭没有从这一视角去考虑文化否定性，对历史完全采取了浪漫主义的态度，从而损伤了文化否定性问题的严肃性。

卢梭的反调不仅没有得到人们的认同，反而受到了普遍的批评，这就造成了一种认识：卢梭错了，证明文化否定性也完全是无稽之谈。这种认识从反面巩固了人类自我迷信，也使卢梭的反调销声匿迹。

四、人与自我的矛盾

如果说全部近代西方哲学致力于构造一座由人性神话和理性神话支撑的人类自我迷信的大厦,那么全部现代西方哲学则致力于拆除这座大厦。

引起哲学造反的导火索是上帝的死亡。这个上帝不是中世纪宗教神学意义上的上帝,而是近代西方哲学津津乐道的先天人性和绝对理性。承认这两个神话,也就承认了在人之外存在着凌驾于人类之上的决定性力量。这种至高无上的决定性力量,除了没有天国和奇迹外,与上帝没有什么本质区别。

19世纪无异是理性扩张的时代。那是一个激动人心的时代,几乎每天都有新的发现和发明。为此,欧美国家还专门设置了专利局,来管理层出不穷的发明。然而,这些理性进步造成的后果远不像人们迎接它们到来时那么激动人心。人们在享受科学技术进步成果的同时也在吞咽由此带来的苦果:一面是工业生产发展,一面是杀人技术提高;一面是机器把人从繁重的体力活动中解放出来,一面是卓别林在《摩登时代》里表现出来的人如何成为机器的附庸;一面是人越来越有知识,一面是越来越多的偏见和仇视。19世纪末的欧洲弥漫着空虚、苦闷和颓废的气氛。1894年,法国政府捏造了"德莱福斯"案件,诬陷犹太军官德莱福斯叛国。号称启蒙和自由之邦的法国知识界,竟然只有左拉等少数人挺身而出为德莱福斯辩护,而官方和几乎整个舆论界都猛烈地攻击左拉是"卖国者"。法国印象派画家毕沙罗在给儿子的信中感叹:"在1793年和1848年曾如此伟大的人民是何其可悲啊!"

哲学家们思考的是深层的东西。如果人性和理性都源于先天的绝对的决定力量,那么,为什么没有像黑格尔所预示的那样,随着理性发展而逻辑推演般地再现出来?这一反思的结果便是反叛的开始——"上帝死了"。

人类自我迷信大厦的拆除工作是从一群犹太人——马克思、弗洛伊德、叔本华和尼采开始的。他们都属于19世纪，都是具有超前意识的哲学家。叔本华和尼采是非理性主义的前驱。非理性主义是19世纪末在欧洲兴起的哲学思潮。它否定或限制理性在认识中的作用，强调直觉、本能和意志的作用，否认在人之外的一切决定力量的存在，对人类自身往往带有悲观主义的批判态度。非理性主义的理论起点，恰恰就是上帝的灭亡。

在叔本华和尼采看来，理性所支撑的人类自我迷信不过是一种幻想。他们认为，理性主义的最大谬误，就是把表象之物误认为本质。在理性背后，推动着理智活动的是人的意志。理智的本质是对存在给予合理的解释，意志的本质是赋予人以活动的追求。因此，对人来说，意志是比理性更本质的东西。如果人没有追求，就没有理性活动的必要；更重要的是，如果没有意志，理性的归宿就是"凡是现实的都是合理的"。解释改变不了存在，而追求恰恰要改变存在，人在本质上是一种理性和非理性的矛盾。

上帝是理性的最高追求，是意志的归宿。理性就是上帝存在的证明。当然，这个上帝更多地意味着一种超人之上的决定力量，而不是天父。问题在于理性并不足以证明上帝的存在。在尼采看来，理性本身也是一种轻浮的崇拜和信仰。人们以为科学是逻辑的，可是这个逻辑是一种自我证明，它的前提是"一种命令式的无条件原理"，即一般的公理。人们以为理性是万能的，但科学只能解释表象，不能超越表象，超验的决定力量，即人之外的形而上学本体问题，理性根本无法解决。理性连自己都证明不了，凭什么去证明上帝呢？

理性不仅不足以证明上帝，恰恰像康德说的那样，理性足以杀死上帝。意志追求人的生存本能的实现，然而，理性所帮的都是倒忙。理性不足以证明上帝，却足以识破人生的幻想：生的归宿是不可逃避的死亡。如果有上帝存在，个人的死亡是微不足道的。"见上帝"不是一件坏事，是接受生存的最后审判；如果上帝死了，死亡就不再是微不足道的，而是生存意义的彻底完结。意识到必死还要求生，这就是理性和意志的根本冲突。

叔本华和尼采向历史至善论发起了冲击。文化的意义对人不是肯定，而是否定。人生的痛苦不是由于物质财富和知识的贫乏，而恰恰是由于文化的发展，理性的提高，使人借以实现意志的手段越来越强。意志越强，越追求逃避死亡，可意志借以实现的手段本身已经宣判了人的归宿是有限，是非存在。因此，文化越发展，人的痛苦越深重。对原始人来说，死亡不过是剥夺了生命，他一无所有，死得其所；对现代人来说，死亡是一种嘲讽：你再强也强不过死神，你所挣得的一切，统统会被拿走。

对待文化的否定性，叔本华和尼采在态度上稍有不同。叔本华认为恰恰是因为痛苦的不可超越性，才使人放弃了对神性的追求，使人正视人性，正视自我。自我是什么？自我就是痛苦，就是无意义。做人就要承受痛苦的折磨，不要虚构幸福的神话欺骗自己。尼采和叔本华不同。如果说叔本华把无意义看成人生的归宿，那么尼采则把无意义看成人生的起点。恰恰因为人生没有先天注定的意义，人才成为主体，才是一切价值的创造者。

在尼采看来，上帝的灭亡意味着历史至善论的崩溃。所谓人性、至善、永恒的爱，统统是对强者的约束，是对人的主体意识的剥夺。上帝灭亡了，人应该去做自己的上帝。这种人就是超人。一个主宰自己、创造价值的超人，才是真正的强者，是对人生无意义的对抗。尼采宣称："难道我们不能使自身成为上帝，就算只是感觉仿佛值得一试？再也没有比这件事更为伟大的了。"[①]

尼采在当时被人们认为是疯子，人们用嘲讽的态度看待"上帝死了"的预言。在尼采死后14年，人们亲眼看到了人类的大炮是怎样杀死上帝的，随之而来的是传统价值观的崩溃。人们开始以清醒的目光看待尼采。尼采在理性和人性的废墟上耸起"超人"的理想。他把人的"生命意志"看成无所不能的魔杖，妄图在人之上寻找"超人"，但是，"超人"不过

---

① 尼采：《快乐的科学》，139页，北京，中国和平出版社，1986。

是人类自我意识新的膨胀。与理性和人性的人类自我迷信不同的，只是尼采迷信人的本能的生存意志冲动。尼采并没有摧毁人类自我迷信，只不过认为生命意志远比理性和人性更值得迷信罢了。他在用新的迷信代替旧的迷信。因此，尼采只不过是揭开了人类自我反省意识的序幕，使人意识到人类自我迷信已经到了非瓦解不可的程度。

真正向人类自我迷信发起总攻的是存在主义大师萨特。萨特从自我意识中的理性和非理性的冲突，进一步深入到人的存在和人的自由的冲突。萨特提出三个口号："存在先于本质""人是自由的""世界是荒谬的"。

萨特认为，人和裁纸刀不同。裁纸刀是"本质先于存在"，人是"存在先于本质"。我们说存在先于本质，是什么意思呢？意思就是说，人首先存在，碰到他自己在世界上冒出来，然后才给自己下定义。如果说存在主义者心目中的人是无法下定义的，那是因为人原来是个"无"。他什么都不是，等到后来才是他把自己造成的那种人。所以人没有什么本性，因为没有什么上帝怀着人性的概念。人就是人。[1]

萨特认为人没有先天的本性，更没有先天的优越性。那种主张人本身就是目的而且是最高价值的人道主义是荒谬的，"因为只有狗或者马有资格对人作出这种总估价，并且宣称人是了不起的"[2]。存在主义之所以不把人当作目的，是因为人仍旧在形成中。

萨特认为，人的不确定性使人成为自由自主的主体；人是自由的。人的主体性在于人的主观性，在于意志的自由抉择。没有上帝，没有任何超人的力量，更没有任何他人能决定你的命运、强迫你成为英雄或者懦夫。我们自己的存在必须由我们自己决定。人是一切价值的创造者，是一切价值来到世界上的唯一原因。人的自由是一切价值的唯一基础，绝对没有任何东西能证明人应该接受这种或那种价值。不是世界给人以意义，而是人

---

[1] 萨特：《存在主义是一种人道主义》，8页，上海，上海译文出版社，1988。
[2] 萨特：《存在主义是一种人道主义》，29~30页，上海，上海译文出版社，1988。

给世界以意义。

但是，人做主体的意义并不完全是自我肯定。自由意味着孤立无援，意味着责任和烦恼。孤立无援不是指无人帮助，而是指一个人的行为根据不可能求助于任何他人，因为人是自决的主体，行动引起的一切后果都必须由主体自己承担。每个人都独立地支撑着自己的世界。

正是这种孤独使萨特感到"存在是荒谬的"。荒谬就是不可理解，没有意义。萨特认为，真正的主体只能是个人，而每个人都随时可能成为他人主体性的对象。为了保住自己的主体性，你必须把对方变成你的对象。人生不过是一场不断在主体和对象之间变来变去的瞎折腾。人的一切活动并无高下之分（因为是会为了"自由"的出现而牺牲人，都是原则上注定要失败的）。因此，一个人独自酗酒也好，当国际领袖也好，到头来都是一样。

萨特根本不相信人类至善之类的幻想。在他看来，"人是一种无用的激情"①，由于我们的地球是这样一个可悲的整体，失望又来诱惑我；没有目的，只有一些小小的特殊目标，人们正在为之奋斗，这种念头永远不会结束，人们正在进行一些小规模的革命，但是没有一个人类的目标；没有什么和人类有利害关系的东西，只有混乱。不管怎样，世界看来是丑恶的，没有希望。②

萨特彻底宣告了人性神话的破产，推倒了人类自我迷信。从萨特的宣言中，我们可以感受到现代生活机器粉碎文艺复兴之梦的轰鸣之声。创造经济奇迹的人却被经济奇迹抛入了30年代经济大萧条之中，创造文明奇迹的人却被文明奇迹抛入了两次世界大战。面对人类自己造成的境况，抽象地谈论普遍、先天的共同人性有何益处？当人类面对的不再是上帝，而是人类自己的时候，需要考虑的不是"人不是动物"，也不是"人人都是人"，而是每一个人如何成为人。

---

① 萨特：《存在与虚无》，785页，北京，三联书店，1987。
② 萨特：《存在主义是一种人道主义》，93页，上海，上海译文出版社，1988。

萨特把人道主义从盲目乐观引向正视现实。古典人道主义并没有摆脱宗教的"伊甸园"模式，仿佛人生在滚雪球，沾上的都是幸福，抛下的都是痛苦。然而，现实中总是自由和责任、希望和失败、幸福和痛苦、有意义和荒谬相伴，认定一端是绝对价值，否认另一端的存在是缺乏根据的。萨特说存在主义是一种行动的学说，用意在于使人们对人生采取反抗者的积极姿态。

萨特对人的理解完全是唯心主义的。他否认任何规律，否认任何人性，把人理解成纯粹的主观性。他对人生的理解完全是相对主义、个人主义的。他只看到人与人之间的压抑、异化，却没有看到社会对人的主体意义，对人生作了完全悲观主义的理解。人类自我迷信夸大肯定性的一端是错误的，而萨特夸大否定性的一端，也犯了同样的错误。

弗洛伊德和尼采、萨特不同，他是怀着拯救理性的目的批判人类自我迷信的。他把理性和非理性、存在和自我的冲突引申到人的本我、自我和超我之间的自我结构的冲突。

弗洛伊德认为，在人的意识世界、理性活动后面，隐藏着一个无意识世界、本我。无意识世界也就是本能的世界，是一切意识行为的基础和出发点。意识不过是无意识、本能按照社会允许的方式的表现形式。他把人的精神活动分为本我、自我和超我。本我是人的各种本能，自我是本能在后天获得的理性形式，超我是社会规范在个人精神中的内化，即自我理想和良心。这三种"我"的同时并存，导致了人格的压抑。自我要同时侍奉三个主子：外界、本我和超我。外界以客观性与自我的主观性相对抗，本我随时企图冲破自我的理性防线自由宣泄，超我则代表社会监视自我的一举一动。因此，被认为是主体自我的理性通常处于扭曲的状态，不但不能统治一切，反而处处受到非理性的压抑。

弗洛伊德认为，真正主宰人的是人的本能。本能分为生的本能和死的本能。生的本能是人性的肯定方面，即自保自爱；死的本能是人性的否定方面，即破坏和毁灭。在他看来，"人们在关于爱与死的斗争的经验中，下意识地知道死亡是必然的胜利者；生命和爱不过是暂时得胜。虽然当人精强力壮，其欲望在爱中将会满足时，他还是爱生命本身；然而，当人们在无尽无休的生存竞争中弄得疲惫时，就渴望返回他们所由出的无机状态。"①因此，人的死亡本能往往压倒生存本能，从文明的建设者变成文明的破坏者。

美国现代哲学家宾克莱评价弗洛伊德时说："他提出的关于精神生活中的无意识在各方面左右人的力量的学说，对改变人是以理性为主的动物这个旧观念起了重大作用。"②用无意识理论破除理性的神话，是弗洛伊德取得的可以和达尔文相媲美的成就。达尔文教会人们用科学态度对待人，不要迷信人类有什么高贵出身之类的神话；弗洛伊德教会人们用科学态度对待自己的头脑，不要迷信理性统一一切之类的神话。他揭示出思维和存在之间的不一致性。这种不一致并不意味着思维会犯错误，而是指我们所意识到的往往并不是我们的真实存在。我们的精神常常生活在一个虚幻的、扭曲了的、自欺自慰的世界里。理性并不是主体，"我思故我在"并不能告诉李尔王"我是谁"③。

尽管如此，弗洛伊德还是一个理性主义者，或者说，是一个以反理性形式出现的理性主义者。他给了理性自我迷信当头一棒，让人们看清那些骚乱、野蛮，甚至残忍的原始冲动都披上了理性的外衣。理性的力量愈强大，人类死亡本能赖以得逞的手段也越高明。他认为，与人类命运攸关的问题，是人类的文化发展是否会控制住人的进攻和自我破坏的本能对公共生活的扰害。他主张用理性合理地疏导、调节、控制非理性的本能，而不是一味迷信理性的力量，放纵理性。

弗洛伊德深受庸俗唯物主义的影响，夸大了人的生理本能对人的作

---

① 宾克莱：《理想的冲突》，121页，北京，商务印书馆，1983。
② 宾克莱：《理想的冲突》，111页，北京，商务印书馆，1983。
③ King Lear，莎士比亚悲剧《李尔王》中的主角，被逼发疯后狂呼："我是谁？"

用，没有看到理性的另一方面：随着文明的发展，理性日益扩大对人的影响，而本能的影响日益缩小。但是，这并不影响他的学说的启发性：人应该反省自我，而不应该一味地迷信自己。

第三章　中国传统文化的自我意识矛盾

一、神人一体

中国文化有着与西方文化不同的传统，其中体现出的自我意识自然也有很多差别。中国文化中的自我意识与西方的差别，时至今日仍使中国文化在现代化浪潮中保存着独特的魅力和缺陷，也给当代中国文化发展提出了特殊的任务。与西方文化相同的是，中国文化的自我意识也起源于原始神话。古代中国文化人相信，盘古开天辟地创造了世界，女娲捏土造人。不过，这些天神与上帝、梵天不同，有神功而无神寿，与人一样死去。后来出了一位黄帝，他究竟是人还是神，无从定论。他和他的妻儿臣子们组成了一个发明集团，为人类创造了房屋衣裳、弓矢车舟、许许多多的用具。特别是他手下的大臣仓颉创造了文字。造字当晚，鬼哭神号，天降粟雨，警告人们不要流连于舞文弄墨，不事农耕，最后弄得没有饭吃。与西方人相比，中国人也许是最幸运的：创造只招来了警告，而不是惩罚。

不仅如此，在中国，神人相通。在中国远古神话中，也曾有过神天鬼地的时代。如日神炎帝、火神祝融、木神句芒、金神蓐收、水神禺强、土神后土、时神噎鸣、吉神泰逢、爱神瑶姬、灶神穷蝉。仅袁珂先生收集在《中国神话传说》一书中的神话人物，就不下数百。他们虽然住在天上，但有天梯和人间相通。"人之初，天下通，人上通，旦上天，夕上天，天与人，旦有语，夕有语。"①神人常常混杂在一起。这些神大多是自然神祇，有些究竟是人是神，如伏羲神农、炎黄舜禹，谁也说不清楚。诸神虽本领比人高强，但有时也受人愚弄。像灶神穷蝉，专门蹲在别人家里窥视别人隐私，向天帝打小报告，活脱一副特务鼻祖的模样。后果常常是被人塞一嘴灶糖，说不出话来。这说明在远古时代，人类还缺乏自我意识，与自然是浑然一体的。

与上帝不同的是，中国的诸神并不是人类的审判者和考验者，而是人类的庇护者。他们不断地给人类带来新的发明创造，改变人类的处境。共工撞倒了不周山，女娲就来补天；愚公挖山不止，天帝就派夸娥之子把山背走。人类要比共工、刑天、蚩尤这些败亡了的神幸运得多。天帝可以抛弃神，就是不肯抛弃人。其实，这不过是人类偏袒自己的自恋意识的杰作。

后来，颛顼改变了神人关系。他派出重和黎二位天神隔断了天梯，神人不再往来。神人分离，实质上是人与自然的分离。颛顼是黄帝的孙子。黄帝时代，人类有了许多发明，已经进入文明时代。人类对自然的优越性，已经通过这些发明创造的神表现出来。此后，诸神渐渐消失，由一个统一的万能主宰"天"代表神的世界。这个"天"，既是天然之天，又是天道、天神、天命之天，是现象和本体、精神和自然的统一体。人则包容在天网之中，成为普天下万事万物的中心。

此后，神人虽在形式上分离，但实质仍然相通。在西方，没有人能成为上帝，甚至连做天使的资格都没有，人的归宿是接受上帝的审判。在中国，无论是儒家、道家，还是佛家，基本上都主张人可以成神，人神之间并没有不可逾越的界限。这是中国古代文化不同于西方的显著特点。

儒家对鬼神一向持"敬而远之"的态度，"子不语怪、力、乱、

---

① 《定庵续集》，《壬癸之际胎观》。

神"①。然而，儒家却主张人可以成为圣人。表面上看，圣人是人而非神。孟子说："圣人，人伦之至也。"②圣人是社会中的道德完善的人。只要努力，人人可以成为圣人，正所谓"涂之人可以为禹"③，"人皆可以为尧舜"④。

可是，人伦之至究竟是一种什么样的状态呢？孟子说："万物皆备于我矣。反身而诚，乐莫大焉。强恕而行，求仁莫近焉。"⑤这大意是，一个人只要发挥道德品性，逐步克服私欲、自我，就可以消除人我、天人之分，与天地万物结为一个整体。

这种"万物皆备于我"的境界就是"诚"。诚就是真实无妄，存在者与天道一体。北宋邵雍详细描述了这种神秘的圣人境界："谓其能以一心观万心，一身观万身，一物观万物，一世观万世者焉。又谓其能以心代天意，口代天言，手代天工，身代天事者焉。又谓其能以上识天时，下尽地理，中尽物情，通照人事者焉。又谓其能以弥纶天地，出入造化，进退古今，表里人物者焉。"⑥这种无所不知，无所不能，全视全听，全通全能的圣人，除生死变化外，很难说和神有何不同。

道家不但稀言鬼神，而且反对儒家那种视天为有人格、有意志的宇宙最高主宰的意义。老子说："有物混成，先天地生。……吾不知其名，强字之曰'道'。……故道大，天大，地大，人亦大。域中有四大，……人法地，地法天，天法道，道法自然。"⑦这番话很有彻底的自然主义的味道。

道家对圣人的理解和儒家相反。老子说："圣人处无为之事，行不言

---

① 《论语·述而》。
② 《孟子·离娄上》。
③ 《荀子·性恶》。
④ 《孟子·告子下》。
⑤ 《孟子·尽心上》。
⑥ 邵雍：《皇极经世书·观物内篇》。
⑦ 《老子·道经》。

之教。"①又说:"圣人无为,故无败;无执,故无失。"②圣人并不像儒家所希望的那样无所不知、无所不能、代天行事、修身齐家治国平天下,而是"无为",即不强求人事、听凭自然。

到了庄子那里,几乎连圣人也反对了。庄子说:"至人无己,神人无功,圣人无名。"③他认为,最高的人生境界也像儒家所说的那样,是人与天地万物融为一体,"天地与我并生,而万物与我为一"④。要达到这样的境界,人必须彻底忘我,不视不听,"堕肢体,黜聪明,离形去知,同于大道。此谓坐忘"⑤。这样的境界,只有"至人"才能达到,神人、圣人都望尘莫及。"以圣人之道,告圣人之才,亦易矣。吾犹告而守之,三日而后能外天下。已外天下矣,吾又守之,七日而后能外物。已外物矣,吾又守之,九日而后能外生。已外生矣,而后能朝彻,朝彻而后能见独。见独而后能无古今。无古今而后能入于不死不生。"⑥

同样,这种忘乎生死、与天地并存、与神明俱在、与万物为一的境界,根本不是凡夫俗子的境界,而是出神入化的境界。堕肢体、黜聪明是人绝难做到的,至于坐忘而不死不生,已经近乎神仙修炼了。后来的道教虽然硬拉上老子庄子充门面,但是道教"羽化登仙"的境界和庄子"坐忘无己"的境界的血缘联系却是一目了然的。

佛教在中国是外来文化,但它能在中国落地生根,是由于其教义能与中国人的心灵沟通。佛教讲现世和来世、净土和地狱、佛陀和恶鬼之分,这是与儒道两家的不同之处。佛在梵语中意即觉悟,觉悟了人生的究竟,解决了生死问题,也就成了佛。按照释迦牟尼的本意,人人都有佛性,人

---

① 《老子·道经》。
② 《老子·道经》。
③ 《庄子·逍遥游》。
④ 《庄子·齐物论》。
⑤ 《庄子·大宗师》。
⑥ 《庄子·大宗师》。

人都可以成佛，人和佛也是相通的。这和人人可以成为圣贤、人人都可以得道升天，基本精神是一致的。

神人相通，神人一体是中国传统自我意识的显著特点。与西方自我意识一样，神人一体首先来自原始的自我意识，通过血统的优越性肯定自身。异于西方的是，在中国，创造所招致的只是警告，而且，绝大多数的创造都是天神的默许和恩赐。这一特点表明，在中国传统文化中，人神之间并未出现实质性的对抗，理想自我和现实自我并没有分离到对抗的程度。

神人一体，实质上是人性与神性、理想自我与现实自我的一体化。在中国传统文化中，人性不是神性的堕落；恰恰相反，神性是人性的升华。儒家讲"修身养性"，道家讲"坐忘"，佛家讲"坐禅"，都是提升人性的方法。西方人努力是为了赎罪，神性是一种妄想；中国人努力是为了成神，是理直气壮、顺乎自然的。

神人一体的核心并不是神，而是人。在中国古代文化看来，人的存在是分成不同阶段的。儒家讲"性三品"。"圣人之性"是至善，"中民之性"是不善不恶，"斗筲之性"是至恶。"圣人""至人""佛"，都是人生的最高境界。这样一来，神性就不在遥远的天国，而在人生之内，是人的自我否定。所谓"性三品"，就是对神性、人性和自然性的区分，由于把这三者看成一个统一的过程，神人自然是一体、不分化的。由此决定了中国古代文化的一系列特点。

二、天人一体

儒家的人生最高境界是"圣人"。圣人不是超人的存在，而是人所能达到的理想境界，所以，儒家主张人为天下贵。荀子云："水火有气而无生，草木有生而无知，禽兽有知而无义，人有气、有生、有知，亦且有义，故最为天下贵也。"① 人之贵，贵在义，义就是道德。道德意识就是人类的自我评价。

荀子进一步明确肯定了人的主体性，他说："心者，形之君也，而神明之主也，出令而无所受令。自禁也，自使也，自夺也，自取也，自行也，自止也。"② 这就是说，人的心灵是身体的主宰，它是自由自主、自己决定自己的。

在如何实现人的主体性方面，孟子和荀子略有分歧。荀子主张外在的主体活动——"参天制命"。他认为："天有其时，地有其财，人有其治，夫是之谓能参。"③ 得到天时地利人和，人就能改变天然，掌握天命。如果人能使"天之所覆，地之所载，莫不尽其美、致其用"，人就能成为主宰天地的"大神"④。

孟子主张内在的主体活动——修身养性。孟子曰："尽其心者知其性也，知其性则知天矣。"⑤ 这种通过自我认识自己本性的方法，颇似苏格拉底主张的"认识你自己"。尽心知性的方法是扩充内心的善端（先天的道德本性），节制个人私欲。"养心莫善于寡欲"⑥，这样持之以恒，就可以养成一种至大至刚的"浩然正气"，使人顶天立地、无所畏惧。

---

① 《荀子·王制》。
② 《荀子·解蔽》。
③ 《荀子·天论》。
④ 《荀子·王制》。
⑤ 《孟子·尽心上》。
⑥ 《孟子·尽心下》。

主体性实现的结果是一种"天人合一"的理想境界。儒家在以人为贵的同时，也承认"天"的权威。儒家主张的"天"是有人格、有意志、默默无言地主宰宇宙的天道。它的意志和法则就是天命，个人不可违抗。天命是一切行为是否正当的依据。但是，儒家对其采取了一种功利实用主义的态度。孔子曰："未能事人，焉能事鬼？"[1]主张"敬鬼神而远之"[2]的董仲舒则认为，天神的目的仍是为人谋利益，天"生育养长，成而更生，终而复始，其事所以利活民者无已。天虽不言，其欲赡足之意可见也"[3]。

"天人合一"，就是认识、遵奉天道，成为达到道德修养完善境界的圣贤。圣贤就是能完全领悟天道，遵循天道，最大限度地实现自我，在充分发挥主观能动性和执着的追求中，集真、善、美于一身的完全的人。在这里，孟子和荀子殊途同归。"孟子教导人们说，努力发扬自己的善性吧，沿着性善的道路走，就能升上为尧、舜。荀子教导人们说，努力用礼义改造自己吧，改造的尽头就会变成尧、舜。"[4]在这种天人合一的境界里，人获得了天道的力量，就可以"替天行道"，成为自身和天地万物的主宰。

"知天"和"参天"都是积极进取的主体意识。儒家的主体境界颇有"只为信仰，不为成功"的浪漫主义精神。人能否成为主体，取决于能否与天合一。天人合一的境界是极高远的，不尽心竭力就无法达到。这样一来，主体性的实现几乎被人推到人生的终点。只要你觉得自己还有力气奔跑，那终点就还在前头。当你力尽气绝，为天人合一拼搏终身，便可以聊以自慰了。海鸥乔纳森——美国作家斯蒂文森创造的艺术形象，它的存在并不是为了觅食，只是为了飞翔；儒家知天参天也不是为了一步登天，而是为了知与参。这就是"鞠躬尽瘁，死而后已"的诸葛亮精神。不和曹吴争雄，怎知天下谁属？待已知"天不灭曹"，自己也就心甘情愿了。

---

[1] 《论语·先进》。

[2] 《论语·雍也》。

[3] 《春秋繁露·诸侯》。

[4] 刘泽华：《中国传统政治思想反思》，62页，北京，三联书店，1987。

"天人合一"是儒家的人格理想,"天下一统"则是儒家的社会理想。"天下一统"就是以中国为核心,使世界融合到中国的文化传统上,成为一个整体。在远古神话中,黄帝和蚩尤之间的战争传说已流露出一种民族自我中心意识。诸神中自愿协助蚩尤的只有夸父这一巨人族。究其源,恐怕和蚩尤的苗瑶血统不无关系。孔子作《春秋》的目的之一,就是要别华夏夷狄。在孔子用束发右衽和被发左衽的习俗区分华夏夷狄的行为中,已明显流露出华夏民族的优越感。随着国家的统一和疆域的开拓,这种民族优越感最终发展为一种民族自我中心意识。

民族自我中心意识是一种强化民族优越感、夸大了的民族主体意识。人们从自我依恋和自我欣赏的情感出发,把自己的民族看成世界的中心。民族自我中心意识在世界上普遍存在,各民族都有通过自己的文化透镜来看世界的现象。这种意识有助于人们保持自己民族文化的一致性,但容易发展成民族自大和民族偏见。

古代中国的民族自我中心意识认为:第一,中国是世界的地理中心。中国处于一个相对封闭的地理环境之中。东临沧海,北接大漠,西倚号称"世界屋脊"的青藏高原,南向崇山峻岭和热带丛林。在这一地理环境中,华夏民族居于得天独厚的大河平原,因此得以优先发展;而周边民族则相对落后,此环境以外的民族很难和华夏民族接触,这就自然滋生出"中国"的意识。第二,中国是世界的文化中心。和周边民族相比,华夏文化居于领先地位,人们自然把周边落后民族视为不开化的蛮夷。到了汉唐时代,人们通西域,下东洋,视野颇为开阔。"但这一切并没有影响原来那种以中原为中心,华夏(汉族)为主干的统一观,反之还有所加强。因为通过这些活动,人们已经确信,在中国之外再也不存在比中国更强大、更富饶、更文明的国家了,其他国家的君主和人民如果不对中国称臣纳贡,接受赏赐,就只能自外于华夏声教,甘心为夷狄了。"[1]第三,中

---

[1] 葛剑雄:《普天之下——统一分裂与中国政治》,6~7页,长春,吉林教育出版社,1989。

国是世界的权力中心。既然中国在地理、文化上都占有中心地位，当然应该拥有统治权力。"普天之下，莫非王土。"在中国古代史书中，国际往来一律写成"某国于某年某月称臣受封，某国于某年某月进贡来朝，某国于某年某月接受赏赐"[①]。

儒家文化构成了中国古代主体意识的主体。儒家比古希腊哲人更明确地提出并肯定了人的主体性。儒家认为：在人与天神的关系中，天神是偏袒人的主宰，人是天神恩泽的承受者；在人与自然关系中，人是能够自主自决的主体，自然是供人享用的对象；在这一族人和那一族人关系中，唯有中国人是主体，其他人都是落后的蛮夷。

儒家是一种英雄主义，积极地用人包容、同化天道。表面上，"天"高高在上，但实际上唱主角的是人。董仲舒主张"天人感应""人副天数"。他认为："人之为人本于天，天亦人之曾祖父也，此人之所以乃上类天也。人之形体，化天数而成；人之血气，化天志而仁；人之德行，化天理而义；人之好恶，化天之暖清；人之喜怒，化天之寒暑；人之受命，化天之四时。"[②]又说："天地之符，阴阳之副，常设与身。身犹天也，数与之相参，故命与之相连也。天以终岁之数，成人之身，故小节三百六十六，副日数也；大节十二分，副月数也；内有五藏，副五行数也；外有四肢，副四时数也；乍视乍瞑，副昼夜也；乍刚乍柔，副冬夏也；乍哀乍乐，副阴阳也；计有计虑，副度数也；行有伦理，副天地也。"[③]这究竟是在说天塑造人，还是在说人按照自己的样子塑造天，恐怕也是很难说清楚。

儒家极重人事，认为人可以参天地，以浩然之气充塞天地。儒家所重的人事，主要是人的道德实践，即人如何通过自我修养、磨炼，实践道

---

① 葛剑雄：《普天之下——统一分裂与中国政治》，7页，长春，吉林教育出版社，1989。
② 《春秋繁露·为人者天》。
③ 《春秋繁露·人副天数》。

德原则，成为圣贤。道德伦理是人的自我约束力量，集中体现了人的主体性，是人的自律行为。但是，儒家把人的自律性扩充到"天"，经过董仲舒和朱熹的发挥，早期儒家积极进取的天人合一观被"存天理，灭人欲"的极端伦理主义所取代，由"人为贵"，蜕变为"灭人欲"。天道变成人伦与自然的冲突，天人合一变成人抛弃自然的净化过程。

这种人伦与自然的冲突使儒家英雄主义陷入深刻的矛盾。人追求主体的意义何在，也就是说，人生的意义何在，在儒家看来，当然是知天参天，成为圣贤。这样一来，就产生了两个矛盾：一是天道不是自然的，必须通过自我努力才能达到，而人又是肉体的存在，追求天道就化为灵与肉、人伦与自然之间无休止的争斗；二是"天"以德为本，人的自律根据不在自身，而在于"天"。人伦根据就是天命，是不可更改、天经地义的。道之大，源出天，"天不变，道亦不变"。天就成为一种宿命。人对宿命是无能为力的，主体也不过是知趣一点，能预知天命，奉天行命而已。

儒家宿命的英雄主义实际上是一种形式主义。儒家的英雄都是劫数已定，或奉天承运的英雄。天命和结局都已注定，剩下中间的过程留给英雄们自行表演。天命不可违，人积极进取的意义仅限于"表明心迹"。从孔子"知其不可而为之"，到"文死谏，武死战"，其中的"为""谏""战"，都已失去了本来的意义。英雄们杀身成仁，舍生取义，不过是替天行道。至于个人的努力与否，与天道的益损并无关系。天道是借此考验个人是否达到了天道的要求，这远比个人取得成就更有意义。

三、天地一体

儒家主张天人一体，即神性和人性的统一。道家则相反，主张人道一体。道家也以人为贵。老子曰："故道大，天大，地大，人亦大。域中有四大，而人居其一焉。"① 但是，道家对儒家所表现的那种人类自我中心意识持讥讽态度。庄子说，人们在世间争城夺地，伏尸数万，得胜者常以天地主宰自居。若背负青天朝下看，人不过如蜗牛角上的寄生虫，却不知自己的渺小。"吾在于天地之间，犹小石小木之在大山也。"② 尽管人是世间四大存在之一，但在天道面前还是微不足道的。

道家也主张天人合一。道家的"天"与儒家的不同，不是天理之天，而是天然之天。"人法地，地法天，天法道，道法自然"③，自然就是天然而成，不在于人争与不争。道家认为，天人分离的原因就在于儒家式的有为进取。儒家对人事是极认真的。修身养性，齐家治国，成功成仁，轰轰烈烈。在道家看来，争也罢，不争也罢，道不可能改动分毫。表面上看，争人事是依照天道整合自身，实际上恰恰远离了天道。因为人越追求对天道有所作为，就越添加了人事对天道的干扰。

所以，道家对人事看得极淡，执一种消极无为的自我观。无为不是不为。不为是完全返归人的自然本性，这不是道家的境界。道家的无为是指"为而不争"。人之为主体不同于禽兽，无为不是对肉欲的放纵，而是对既包括道德品性，也包括自然品性的节制。庄子认为，人不自由，主要是因为"有待"（有条件束缚）。条件依赖性是造成天人分离的根源。人无论追求物质欲望还是道德完善，都要依赖一定的条件。追求物质欲望要受衣食财富的束缚，追求道德完善要受礼仪功名的束缚。只有追求"清静无为"的神秘的精神境界，才能达到"无待"。"清静无为"就是排除一切

---

① 《老子·道经》。
② 《庄子·秋水》。
③ 《老子·道经》。

尘缘杂念，直观贯通天地人生的天道。这样，人就能够进入"天地与我并生，而万物与我为一"①的天人合一的精神境界，就可以"乘天地之正，而御六气之辩，以游无穷"②，成为真正自由自主的主体。

道家的天人合一，实际上是对现实的逃避。面对自我和对象之间的冲突，道家意识到主体的挑战和压力。人越接触对象，就越破坏对象与人的协调关系。道家不是用改变对象适应自我的方式解决这一矛盾，而是用调解自我的方式与对象协调。清静无为，天人合一的最终结局是自我的消亡。所谓"万物与我为一"，不是"万物皆备于我"，而是自我消融于万物。这种主体意识实质上是主动返归自然的自我化解。

可以把道家看成是对儒家人伦与自然、宿命论和英雄主义的诘难。道家宣扬的是一种自然主义的自我中心意识。这种自然主义，消极地用天道去化解人，可以消除人伦和自然的冲突。在道家看来，天伦之道就是天然之道，争人事是毫无意义的。"为学日益，为道日损。损之又损，以至于无为。"③实现天伦不是要使人事变得复杂，而是要减低人事的复杂。因此，道家讨厌自我表演式的英雄主义。与儒家一样，道家也主张宿命论。老子曰："天乃道，道乃久，没身不殆。"④道是"独立而不改，周行而不殆"⑤的。天道万变不离其宗，对人来说，是没有什么英雄好逞的；就天人合一而言，道家远比儒家更浑然一体。

儒家和道家在本质上是相通的。二者都强调天人的整合，都强调天命，都把人看成天之所命的中心，都把主体性看成人对天道的认识和实践。因此，二者之间的对立是互补的对立。儒家以积极的态度整合天人关系，肯定人的主体意识；道家以消极的态度整合儒家的矛盾，限定人的主

---

① 《庄子·齐物论》。

② 《庄子·逍遥游》。

③ 《老子·德经》。

④ 《老子·道经》。

⑤ 《老子·道经》。

体意识。这样，就造成了古代中国人对主体问题的弹性态度。得志则有为，去做轰轰烈烈的英雄；失意则无为，忘情于山水，归隐于山林。人从而进退有据，总能于天地之间保持平衡。

四、心物一体

在中国古代文化中，把神性、人性和自然性上升为精神和物质矛盾的，是中国佛学的禅宗。冯友兰先生说："'在中国的佛学'，与'中国的佛学'二者所指的不一定是一回事。"[①]"在中国的佛学"是指虽然在中国流行，但严格遵守印度的宗教和哲学传统，与中国文化缺乏交融的佛教流派。"'中国的佛学'，则不然，它是另一种形式的佛学，它已经与中国的思想结合，它是联系着中国的哲学传统发展起来的。"[②]禅宗就是这种"中国的佛学"。

禅宗承袭了佛教的基本精神，认定人生是痛苦的。痛苦的根源在于人苦苦求生；求生的欲望产生于人的肉体存在和发展的需要。为了满足需要，人苦求外物，可是，人的一切欲求，都引起因果。求此必求彼，如此循环往复，只能烦上加烦、苦上加苦。每一循环，都咎由自取，自以为求诸外物可减生之烦恼，其实是在不断加重生之烦恼。这便是佛家所说的"苦海无边"。

跳出苦海的唯一办法，就是摆脱生活本身，即追求灵魂脱离肉体。没有肉体，也就没有欲望，没有烦恼。这种无知无欲、清静沉默的境界就是涅

[①] 冯友兰：《中国哲学简史》，280页，北京，北京大学出版社，1985。
[②] 冯友兰：《中国哲学简史》，281页，北京，北京大学出版社，1985。

槃。人只有在涅槃的境界中才能达到与宇宙同一，不再遭受烦恼的劫难。

在俗人看来，涅槃就是死亡，但是，在佛家看来，一般的死亡并不是真死，而是假死。死不过是新的因果轮回的开始。在轮回中，灵魂还要不断受到痛苦煎熬。要摆脱轮回，必须与宇宙的本质沟通。佛家认为，宇宙的本质是一种完满的精神，持于外物达不到这种完满的精神，只有通过人心的努力，才能与宇宙这一大心同一，自因自果，永远摆脱因果轮回。涅槃就是个人的心与宇宙的心同一。

对于中国古代传统的自我意识来说，佛教意识是清新而陌生的。灵魂不死，心物分离，现世来世，这些论域都超出了儒道诸家的想象力。儒道诸家，神人一体，不存在来世；灵魂不死，心物分离，更荒诞不可思议。活人成神，在实践中只能得到否定性的答案。圣贤都食人间烟火，修道者有死而无一重返人间，而佛教的来世是当下实践不可确证的，比起儒道诸家，对普通人更具有吸引力。

佛教的传入，使中国人从天人、人道关系转而面对心物关系。佛教传入前，儒道两家都对心物关系有一定探讨，但从未提升为根本问题；佛教传入后，个人之心如何克服外物障碍通达宇宙之心，便被提到如何实现天人一体、天道一体的根本方法的地位了。

禅宗就是天人关系和心物关系结合的产物。

禅宗认为，导致心物对立的根源在于理智。"理智使人起分别心，分别心一起，便产生二法对待。"[①]在禅宗看来，人本来是自由自在的。如果人饿了便吃，倦了便息，哪有什么痛苦可言呢？痛就痛在理智偏要追究人为什么要吃、为什么要饿、为什么要生，偏偏追求生活的意义。

禅宗的宗旨，便是要破除理智的幻想。理智的第一功能就是人的自我意识。笛卡尔提出的理性主义原则就是"我思故我在"。在禅宗看来，自我本身恰恰就是人生的最大幻想。自我意识被外物蒙蔽，肯定自我，从而使人心与"天心"分离，据此，可以把自我视为囚禁人心的牢笼。参禅的

---

① 铃木大拙：《禅与生活》，2页，台北，志文出版社，1972。

过程就是解除桎梏、消融自我于"天心"——佛性之中的过程。

日本当代禅学大师铃木大拙指出:"从本质上看禅是见性的方法,并指出我们挣脱桎梏走向自由道路。"[①]禅宗的基本主张是"见性成佛"。禅宗认为,佛性并不在人心之外,无须苦修苦行,只要静默沉思[②]、幡然顿悟,就可由内心见到佛性。人往往不相信自身存在的直接状态,千方百计去寻求真相。参禅就是对人当头棒喝,真相本来就是人妄图超越的直接状态。

禅师青原惟信有个形象的比喻:"当一个人未参禅时,见山是山,见水是水;当他透过良师的教导而见到禅理时,见山不是山,见水不是水;可是当他真正有个休息处时,见山又是山,见水又是水了。"[③]宋朝诗人苏东坡把这种禅境化为诗境:

> 庐山烟雨浙江潮,
> 未到千般恨不消。
> 及至到来无一事,
> 庐山烟雨浙江潮。

参禅的最高境界,就是自我的彻底消融。自我不存在,哪有外物的遮拦?恰如唐朝诗人王勃在《滕王阁序》中所言:"落霞与孤鹜齐飞,秋水共长天一色。"天地人心,万物交融,难分彼我,才有心物同一,心物一体。

禅宗渗透着地道的中国精神,是以中国方式把握外来哲理。禅宗不能容忍理智分别心物,是天人一体精神的再现。在中国传统文化看来,任何分化都是暂时的、不真实的,凡可以统一的均须一体化。所以,中国和尚

---

① 铃木大拙:《禅与生活》,23页,台北,志文出版社,1972。
② 禅是梵文Dhyana的译音,原意是沉思、静虑。
③ 铃木大拙:《禅与生活》,33页,台北,志文出版社,1972。

接受不了印度和尚那种讲究因明逻辑的用理智分析寻求佛性的方法。在这一点上，禅宗比它的本宗——印度佛教更近于佛性。唐代禅师义玄说得明白：求佛求法，看经看教，皆是造业。你若求佛，即被佛魔摄你；你若求祖，即被祖魔缚你；你若有求皆苦，不如无事。又说：欲得如法见解，但莫受人惑，向里向外，逢着便杀，逢佛杀佛，逢祖杀祖，逢罗汉杀罗汉，逢父母杀父母，逢亲眷杀亲眷，始得解脱，不与物拘，透脱自在。

中国文化也忍受不了印度佛教来世地狱恶鬼之类荒诞离奇的情节。中国文化重视天人关系，集中在现实的人生，或以儒家实用的实践观点对待一切，或以道家浪漫的实践观点对待一切。对能实用的均实用化，如有些中国古代史学家不分真伪，以传说为信史，把三皇五帝这些缺乏文字证据的半神半人统统归为历史人物；对不能实用的均浪漫化，如庄子、屈原，寄寓言托情诗词，并不当真。所以，禅宗是中国文化过滤了的佛教，一方面用顿悟化解乱七八糟的魔幻世界，一方面用参禅回避逻辑矛盾。

铃木大拙以日本人的目光赞叹禅宗的中国意境："现在，佛陀的前额不再射出光芒了，你面前不再出现诸菩萨的随从了，再没有东西使你感到奇怪或特别，或不可理解，或超越逻辑推理的知识范围之外了。你所接触的人们，都是和你自己一样的普通人，不再面对抽象的观念，不再面对神秘的辩证。山脉高耸入云，河流注入海洋。春天草木发芽，鲜花盛开。当日光静静地照着大地时，诗人们带着几分醉意歌颂着永恒的和平。这是多么平淡！多么普通！但这却是中国人的灵魂，而佛教就在其中成长。"[1]

然而，外来哲学毕竟保留下来。在佛教传入以前，中国文化对天人关系的理解基本上是朴素唯物主义和客观唯心主义的。从禅宗出现开始，中国文化，特别是儒家文化，出现了主观主义倾向，即宋明理学的"格物致知""心外无物"。主观唯心主义的出现是自我意识膨胀的一种表现。禅宗是一个矛盾体。一方面，禅宗的宗旨是破除理智，化解自我；另一方面，理智却是用精神自我吞并外物，把万物皆归于我。尽管最后的境界仍然是自

---

[1] 铃木大拙：《禅与生活》，65页，台北，志文出版社，1972。

我毁灭，但禅宗提高了为儒家和道家所忽视的人性，主要是人的精神性，以及在天人关系中的地位。禅宗的出现补足了中国传统的自我意识的缺憾。从此，儒家代表人性中的社会性，道家代表自然性，而佛家代表人性中的精神性，共同支撑起神人一体的文化境界，形成一种超稳定的意识形态三角结构，使中国人无论求内求外、求天求人，最终总能找到寄托和归宿。

五、中国文化的自我意识的特点

透过儒、禅、道三角结构，我们可以体味到中国文化中自我意识的独特魅力。

第一，中国传统文化中蕴含着超强的自我中心倾向。

西方古代文化中，弥散着强烈的自卑意识。这种自卑意识的根源在于神人分离，神人对立。在上帝面前，人总是感到自我渺小和有罪，把自我置于上帝无所不在的监视之中，总是期望诚心诚意的忏悔可以求得上帝的谅解。中国传统文化则是神人一体，神性和人性相通，并且就在人性之中。孟子讲"善端"，禅宗讲佛性，都不在彼岸而在此岸。不仅如此，神常常就是人。皇帝曰"真命天子"，英雄圣人死了都升为星宿，光照人间。天存在的目的再明白不过，就是为了人。

西方那种科学和宗教、心灵和肉体、自然和人生并存的二元论，对中国人来说是不可理喻的。在中国人看来，人就是凝天杰地灵之所在，肉为心生，地为人生，天佑人生。真正的人都是"顶天立地的男子汉大丈夫"。在人之外，没有更优越的存在。神不过是完人，天道不过是人道。如果人是卑污的，天道绝不会是崇高的。在古人看来，天道堕落是不可思议的。这种事情只发生过一次，就是共工的反叛，最终，天还是被女娲补上了。

第二，中国传统文化的自我不是"小我"，而是"大我"。

在西方古代文化中，"我"就是个人之我，就是区别人与自然之我。这种自我意识就是分化神人、天人、个人的精神。中国传统文化则相反，是一种反分化的直觉的整体意识。天人合一是中国古人的最高理想。北宋哲学家程颐说："道未始有天人之别，但在天则为天道，在地则为地道，在人则为人道。"[①]张岱年先生指出："天上既无二，于是亦不必分别我与非我。我与非我原是一体，不必且不应将我与非我分开。于是内外之对立消弭，而人与自然，融为一片。"[②]

因此，在中国传统文化中，没有真正独立的东西，没有天国地狱，没有内心外物。按照董仲舒的说法，天地万物都是与人相应的存在。西方人从自然中看到的是与人毫不相干的自然规律。为达此目的，他们千方百计发展逻辑推理、实验手段，以排除人为干扰。这在中国人看来是不可思议的。虽说天行有常，然超人之常对中国人来说是索然无味的。上升到哲学意识，这无非是说，凡非我之存在，均属无意义之存在。

中国传统文化中鲜有"个人"的概念。杨朱为我，一毛不拔，被后人骂了又骂，于是，人人都相竞拔毛，以利天下。在中国传统文化中，人即家，家即国。成人的标准是安家立业，成圣人的标准是修身齐家治国平天下。通过君君臣臣父父子子，个人和社会扯不断理不清地纠缠在一起，恰如俗语所说"牵一发而动全身"。个人是整体的零部件，这种意识是根深蒂固的，所以中国人鲜有李尔王追问"我是谁"的劲头。"我是谁"的问题，对中国人来说是不证自明的。我是老人或儿子，我是天子或臣子，只要看到别人，立刻就知道自己是谁。中国有句古话，叫作"知足者常乐"。可以将此看成中国人从不问"我是谁"的一个缘由。

---

① 《二程全书·语录》。

② 张岱年：《中国哲学大纲》，序论，7页，北京，中国社会科学出版社，1982。

第三，中国传统文化的自我不是理智的，而是实践的。

在西方人看来，哲学就是爱智慧。即使基督主张信仰主义，经院哲学家们仍用理智和逻辑的方法千方百计为上帝的存在寻找证明。西方人追求自我，首要的目标是求真，而中国人一向不愿为此费力。理智的作用是区分事物，这正是中国传统文化反对的东西。中国传统文化的基本精神是超越理性的，甚至是反理性的。道家强调坐忘，佛家主张顿悟，儒家坚持知行合一，没有一个以理智为宗旨。只有春秋战国时出现过讲究逻辑的名家，但那也是昙花一现而已。

坐忘、顿悟、知行合一，强调的都是一种行为体验。中国人从不为知而知，求知必有所得。孟子说："君子深造之以道，欲其自得之也。自得之则居之安，居之安则资之深，资之深则取之左右逢其原，故君子欲其自得之也。"[①]研究学问的目的在于得道，得道便得精神自由。所以，中国人追求的自我不是认知，而是一种境界。

中国古人达到自由境界的方式，并不是掌握自然规律、获得行动自由，而是一种道德反省，即传统意义上的实践。道德反省的实践是一种自我完善的活动，它追求一种最高境界。这种追求不是通过理智去认识，而是通过生活实际去身体力行，最终了悟到这种最高境界的存在。坐忘、顿悟、知行合一，都是通过生活实际达到道德完善的过程。对中国人来说，自我的实现不是真理问题，而是真善合一问题。

中国古代文化素有浓厚的伦理实用主义倾向。对不可实践之物，要么根本不假思索，要么敬而远之。这一点使中国人缺乏认真的宗教态度。对于单纯的信仰问题，中国人很少出现宗教激情与狂热，除非信仰涉及政治伦理问题。比如，近代西方传教士来华，未成为政治问题时，民间官方，听之任之，一旦成为政治问题，才举国讨伐。特别是民间，一般都是"临时抱佛脚""心到佛知，上供人吃"。对西方人来说，这近于对神的戏弄。中国人甚至不区别不同宗教，既拜佛又信道，同时还可以去教堂凑凑

---

① 《孟子·离娄下》。

热闹。

中国人自我丰富和发展的标准,完全是政治伦理的、功利的。在中国人看来,没有比道德价值更高的价值。中国人的自我多是道德自我,即人格理想和良心。皇帝贵为天子,但史家有权褒贬,其标准就是有德或无德。中国人正统观念极强,但种族主义情绪却极淡。中国人关心的是"道统"的延续,至于王朝血统是出自贵族还是市井无赖,甚至是汉族还是异族,人们并不过分挑剔。扫荡南宋、南明残余,乃至镇压辛亥革命的主力,并不是"鞑虏",而是地道的汉族军人;康熙派兵攻占台湾,消灭的本是中国封建王朝最后一个汉族政权,但史家均称之为康熙天下一统的赫赫战功;郑成功为抗清复明而收复台湾是统一祖国的正义之举,而他的子孙为保卫台湾与清军对抗就变成了分裂祖国的不义之举。西方文化在中国一直不走运,其根本原因是中国受其物质文明诱惑的同时,意识到它与中国的"道统"格格不入。所以,人们对西方文化向来有对抗情绪。

第四,中国传统文化的自我不是变易的,而是永恒的。

西方人的自我意识是通过自我分析和自我批判,一个阶段、一个阶段地发展变化的。自卑后又自尊,迷信后又反省,从存在到认识,从心理到实践,神性、人性、自然性三者之间,分了又合,合了又分。法国现代著名作家罗曼·罗兰把法兰西精神概括为"欣悦的灵魂",即一种既不安又激动、不断更新的精神,是十分透彻和准确的。中国人的自我意识不是分析的和批判的,而是对自我本质的直观把握,因而不是循序渐进的,而是反复体验的。

无论儒家、道家还是禅宗,无论是先秦诸子还是宋明理学,基本精神都是一以贯之的。在中国传统文化中,自我始终被看成是宇宙的一个部分或一个阶段,有待于提升到与宇宙一体的高度,所以,中国人的自我既不自卑也不膨胀,始终提倡一种刚柔并用、自强不息的精神。同时,自我的起点和归宿都是自明的,源出于天道,复归于天道,并不为自我争个性和独立性。中国人的宗教态度不虔诚，但也绝不像普罗米修斯那样，敢于公然宣布藐视宙斯。"刑天舞干戚，猛志固常在"，不过是诗人的抒怀。在中国人心中，"造反""反叛"都是恶的，刑天共工作为反叛者都受到了惩戒。当然，中国历史上不乏成功的反叛者，但没有一个宣称自己反天道而行自由；恰恰相反，都编一些神话证明自己受命于天，替天行道。中国文化追求的是整合不是分化，是和谐不是反抗。

这一点决定中国人远比西方人更为透彻地洞悉到自我的归宿。中国人并不坚守自我，而是不断追求超越自我，通过反复的体验，确证自己与天道的同一。中国人已经意识到自我拓展并不是自我存在的目的，因此，转而追求自我确证。儒家主有为，道家主无为。有为也罢，无为也罢，二者目标是一致的：或替天行道，或复归于道，绝不奢求天道以外的自由。在这方面，禅宗是最透彻的。相传禅宗六祖慧能作偈云：

菩提本无树，
明镜亦非台。
本来无一物，
何处惹尘埃。

生生死死，争争斗斗，到头来终免不了万物归一。中国文化中充满了过眼烟云、挥手即逝的伤感，因为人们知道"天下没有不散的筵席"。反反复复，不过是不断印证自己与天道的距离。

如果把人类自我意识比作山，那么西方文化是盘山而上，激动不安，大汗淋漓；中国文化则攀崖直上，没有台阶，没有论证，没有分析，内心平和地稳坐在每一条盘山道上。当西方人被上帝压得喘不过气来，中国人正安然坦诚，与天道对话；当西方人发现自我欣喜若狂时，中国人仍要坦诚，化解自我；当西方人幡然醒悟、自我反省和自我批判时，中国人还是不卑不亢，倘徉于天地之间。戴维·科尔比感叹道："对于以崇信理智威力为生的科学家来说，这个故事的结局就像一场噩梦。他攀越过由愚昧无知构成的一些高山，他就要征服最高峰了；但当他爬上最后的山岩时，欢迎他的却是一群已在岩上坐了若干世纪的神学家。"①

西方文化中的一些重大问题，"中国早就提出来了"，这并不是夸张。人与自然之间应建立协调关系，自我发展应有节制，不应限于理性，肯定非理性活动的意义在儒道禅三家中都能找到相应的命题。这一特点体现了中国文化在世界文化中的独特价值。中国文化有着不同于西方文化的独特视角。

西方文化的基本精神是把文化理解为分化，从整体中发现对立，然后强化对立，明了对立双方的特点。西方文化史上，二元论不断重复出现，十分类似交响乐的主题曲。古代有亚里士多德质料和形式的二元论，中世纪有阿威罗伊的知识信仰二元论，近代有康德现象和物自体二元论。对立面的统一对西方人来说，几乎是可望而不可即的。中国文化的基本精神是把文化理解为整合，从对立中发现整体，然后强化整体，明了事物的起始和归宿。在中国文化史上，二元是罕见的，神人一体、天人一体，能统一的都统一了。二元对峙不可逾越，对中国人来说是不可思议的。

相比之下，西方文化是侧重于发展的文化，注重的是文化变化的实际过程，不断涌现出新观念，但常常不知其所归。从怀疑主义到不可知论，从不可知论到科学主义，对文化的归宿，西方人总是惶惑不已。中国文化是侧重于追溯和总结的文化，注重的是人之初和人之所归。庄子感叹道："终身役役而不见其成功，苶然疲役而不知其所归，可不哀邪！"②西方人流连于不知其所归的状态，而中国人最怕的就是不知其所归。在中国，皇帝为自己造陵墓，老人为自己备棺材。中国人对死是坦然的，认为人固有一死，但要死得其所。中国人的凝重、坦然、通达的性格，就是这种注

---

① 戴维·科尔比：《简明现代科学新思潮词典》，23页，重庆，重庆出版社，1987。

② 《庄子·齐物论》。

意总结的文化烙印。

这些特点虽然使中国文化自立于世界文化之林，但也给中国人的自我意识造成了不可忽视的文化局限。

第一，整合而不分化，导致文化不发展。

文化的特点之一是主题重复和不断自我确证。与西方文化相比，中国传统文化更接近人类的文化主题，神人合一、天地合一、心物合一，是文化追求的终极境界。西方文化分分合合，无非在接近这一主题。中国人在一开始就到达了终点。然而，文化的主题重复是在不断确证中提升。西方文化虽历经曲折，常常陷入多面性，但却不断自我更新。中国文化主题坐观西方文化发展千年以上，最终成为落伍者，在物质文化上未达到近代科学水平，在精神文化上未产生马克思主义这样的普遍真理。落伍的文化根源就在于不重分化，不能不断提出问题。

中国传统文化风格不注重开拓新问题，只注重对老问题的再理解。从孔子到五四运动，儒家思想的基本范畴没有重大改变。先秦以后学者的主要精力都花在对孔孟学说的诠释上。不同时代的人们总能从中开拓出新意来。人们争来争去，无非是想知道孔孟的"本意"是什么。其实，一种思想的本意，即使是首倡者本人也常常言不能尽。诠释像一块魔力无比的磁石，不仅吸住了老问题，甚至吸住了新问题。无论是外来的还是自悟的，都被纳入传统的框架给予再释。禅宗所谓"青青翠竹尽是法身，郁郁黄花无非般若"[①]，这种看什么都看到万物归一的劲头，可以把一切新问题化解得无影无踪。

对同一问题的重复解释，最终会导致问题本身的常识化。一种问题一旦常识化，就与日常经验融为一体，失去了学术研究的创造价值。比如，经过数千年教化熏陶，"天理良心""动中有静""有生必有死""名实相副""人非圣贤，孰能无过"，已成为妇孺皆知的常识。仅仅肯定一下动中有静，错误难免，方生方死，并不能提高自我意识的水平。这种文化

---

① 《景德传灯录·卷文》。

不仅不会发展，而且还会日益经验化，失去理论探索的意义。

美国现代历史学家保罗·肯尼迪说：除去新涉及的耗费和其他起抑制作用的因素外，中国倒退关键纯粹是信奉孔子学说的官吏们的保守性……①中国文化的确在西方文化所攀登的岩顶坐了若干世纪。它一直坐在那里静观西方文化在盘山道上爬来爬去，却没有看到，这种爬来爬去并不是重复循环，而是在不断前进中发展。文化发展的源泉在于分化，这是中国文化用长期停滞换来的认识。

第二，神人一体，理想境界貌似现实，却没有可实现性，结果导致名实矛盾。

神人一体，使中国人以现实的态度对待理想境界，不把人生的归宿推给来世。然而，这种理想境界本身却缺乏可实现性。圣人不是神是人，而且是完人。人作为一种未规定性，根本没有成为完人的可能性。"人非圣贤，孰能无过"，中国人深知这一点，所以也未把圣人当成人。圣人、至人、佛始终是可望不可即的理想目标。在理论上是可行的，在实践上则是虚幻的，所以，中国人不得不养成一种伦理实用主义态度，即说归说，做归做：在可实现的问题上，认认真真地知行合一；对不可实现的问题，则束之高阁，作为装饰、纹花。比如，杀身成仁，舍生取义，用死来验名证身，既痛快淋漓，又一劳永逸。死是人生一切矛盾的解决，也是生的凝固，这恰恰符合成为圣人的要求。"盖棺论定""为死者讳"，是中国的自我评价传统。死人不会改弦易辙，不会犯错误，可以保存一个完整形象。死亡就是不存在，对一个不再存在人的任何赞美都查无实据，心诚则灵。

因此，宣扬死亡是维护圣人形象的最实用的选择。在以死确证自我方面，中国人是认认真真地知行合一。

然而，对于"浩然之气""万物与我齐一"这种阳春白雪，中国人只好束之高阁。孟子讲"恻隐之心"，不忍看杀牛，但并不因此不吃牛肉。朱熹讲"存天理，灭人欲"，却"大儒争闲气"，让妓女吃板子。清军入

---

① 保罗·肯尼迪：《大国的兴衰》，9页，北京，求实出版社，1988。

关，儒生们为"尊王攘夷"奋起抗战；一旦清朝恢复科举，儒生们大多甘心做雉发蓄辫的孔子门徒。

这种伦理实用主义态度，养成了一种善于变通的文化性格，即对文化精神进行名不副实的修正、歪曲。明明知道文化精髓难以实现，又不肯公开改变，另寻出路，于是在保留名分的前提下各取所需。一个秀才的寡母与河对岸的和尚私通，秀才苦于母亲夜渡艰辛，亲修小桥于河上，待母亲死后，秀才杀死和尚。人问何故，秀才答曰："修小桥为母行孝，杀和尚替父报仇。"岳飞不敢违抗昏君之命，撤兵丧生，谓之忠，若他效法赵匡胤黄袍加身，夺得天下，也决不会被视为"犯上作乱"。对于天道，人们未曾斗胆修改，但对历史，人们素来持"胜者王侯败者贼""识时务者为俊杰"的以成败论英雄的观点。再暴戾、再荒淫的统治者，只要夺下天下，稳固统治，人们都甘心情愿地接受。这样，实质上把有道或无道等同于有权或无权；把"天不变，道亦不变"偷换成以吏为师，学在官府。

这种善于变通、名不副实的文化性格，所鼓励的只能是文化精粹的有名无实。一方面，名实脱节，势必导致浅层文化和文化弊端大泛滥。文化理想被束之高阁，在实践上造成虚假的自我，或堕入明知不可为而强为之的形式主义，或蜕变为欺世盗名的文化骗术。另一方面，名实脱节，严重地束缚着文化发展。在文化变迁中，人们竭力保留的往往并不是真正的文化精粹，恰恰是文化糟粕。因为文化精粹只剩下空名，已没有实际内容了。第二次鸦片战争中，清政府在与英法帝国主义政府外交谈判时，对丧权割地赔款并不分寸必争，而对是否允许外国使团驻节北京晋见皇帝一步不让，千方百计所要保存的只是面子。蜕变为空名的文化精粹，却成了文化发展的桎梏。既要变更，又要千方百计保留名分。对新文化，取舍的标准不是实践，而是名分。比如，在鸦片战争之后，许多中国人明明吃了西方技术文明的大亏，却仍然坚持认为技术是工匠的雕虫小技，为徒有虚名的礼仪之邦而夜郎自大。其根本原因就是在士农工商的等级名分中，技术是下九流的东西。

第三，天人一体，天高人低，人的自我缺乏独立性。

中国人的自我，作为大我，有强调人和自然、人和社会相统一的优越性，但是，作为小我，却有缺乏独立性的缺憾。因为，自我只有获得相对的独立地位，才能显示出自我与外物的根本区别，才能更新发展。中国人的传统自我始终与天地社会处于绵延、粘连的状态。中国人对自我的追求，不是自我的独立性，而是自我的化解。

从总体上看，中国传统文化的自我意识是自我的原始状态，天地、心物、人我浑然一体，还有待于上升到成熟阶段。自我意识不成熟的标志就在于不分化。有分化的整合与无分化的整合之间，存在着根本差别。前者是辩证的自我意识，后者是直观的自我意识。

由于缺乏分化，直观的自我意识只能达到一种缺乏真理的道德自我。道德和真理不同，是约定俗成、沿袭传统的。一种道德，可以是有权威的，但未必是合理的。传统在形成之初，往往都是客观规律的反映，是合理的，但如果传统不随社会发展而更新，就将丧失其合理性。保持道德自我合理性的唯一办法，就是按照真理的发展调整道德自我。近代西方文化强调个性自我，有其近代科学的基础。经验科学有两个基本原则：一是在经验事实面前人人平等，二是真理是独立思考、大胆创新的产物。由于古代中国缺乏系统的科学的基础，所以中国传统文化的自我意识只能停留在封建宗法桎梏的束缚之中。

整合而不分化、有名而无实、有自我而不成熟，是中国传统文化弊端之所在，它严重阻碍了自我意识的发展。就抽象的、终极的意义看，中国传统文化的自我意识博大精深、综合大观，优越于陷入自我对立、自我分离之中的西方文化。尽管现代工业化使西方文化独占鳌头，西方文化却始终无法取代中国文化的位置。但就具体的、现实的意义看，中国传统文化的自我意识是非发展的、非现代意义的，需要经过加工改造，才能在现代实现其独特价值。

第四章　人与文化的矛盾

一、从理性到实践的转折

梦，是人类的自豪。原始人从由梦想到了灵魂开始，便在醒着的时候为自己编梦。人性和理性的神话就是近代人编织的自有上帝和盘古以来最激动人心的美梦。卢梭在人们刚刚进入梦乡时乱喊乱叫，被人们讨厌地抛到了一边。理论可以沉默。但是，只要有人按住生活的脉搏，总会发现什么是梦境、什么是真实。如果一个卢梭不足以唤醒沉睡的人们，那么三个犹太人加到一起，是不是可以掀开窗帘，让人们沐浴20世纪的晨光呢？

第一个犹太人是马克思，另外两个就是弗洛伊德和爱因斯坦。弗洛伊德揭示了人类内心世界的奥秘，爱因斯坦则结束了经典物理学时代。

马克思的哲学产生于19世纪。20世纪存在主义大师萨特宣称，只要马克思主义提出的问题还没有解决，马克思主义就是我们时代的不可超越的哲学。马克思主义诞生之日，正是西方人类自我迷信精神鼎盛之时。作为产生于19世纪中期的一种哲学思潮，马克思主义却跨越世纪的鸿沟，成为20世纪人类意识形态的主导思潮，这说明马克思在19世纪提出的问题，仍然是20世纪人类社会所面临的重大问题。

马克思说："哲学家们只是用不同的方式解释世界，而问题在于改变世界。"①马克思所提出的问题,就是人类实践问题。实践是人特有的生存和发展活动。实践问题,就是人如何通过自己的活动改变世界的问题。马克思不赞同旧哲学一味地解释世界,这并不是说他不想解释任何问题,而是说他对旧哲学把人和外部分开,看成彼此独立的两种存在,然后再用人性或理性之类的神话把二者捏到一起的思维方式不满。在马克思看来,人和外部世界的关系不是这样的。人是作为实践的主体,外部世界是作为实践的对象、结果,人和外部通过实践发生冲突和联系。因此,解决哲学基本矛盾——思维与存在的关系的核心任务,是解决人与自然、人与人、人的思维与存在之间的实践矛盾。

以实践为人所面临的主要矛盾,预示着人类自我意识发展的重大转折。近代人类自我迷信之所以发生,是因为把人的自然本性和理性视为人所面临的主要矛盾。探索人的自然本性和理性的目的,固然是反宗教神学的,是人性的复归,但是,自然本性和理性的根据与对象都不在人自身而在人之外。承认自然本性,无非是说人和自然的同一,并不能把人作为独立的自我;理性虽然体现了自我的特点,但它是静观,只能认识世界,不能改造世界。在理性关系之中,世界仍然是外在于自我的对象。黑格尔意识到了这种外在性。他把人归结为自我意识,把自我意识的本质归结为宇宙精神。

实践的优越性在于它所承担的是人与自身活动成果的关系,是一种内在矛盾。实践克服了理性主观性的弱点,使人的自我意识获得了客观的形式。马克思说:"人不仅像在意识中所发生的那样在精神上把自己化分为二,而且在实践中、在现实中把自己化分为二,并且在他所创造的世界中直观自身。"②这样,实践提出的问题就从人与外部世界的一般关系深化成了人与自身活动成果的关系、人与人自身的关系。

立足于人与人自身的关系,马克思又触及了卢梭曾于朦胧之中感受到

---

① 《马克思恩格斯选集》,第1卷,19页,北京,人民出版社,1972。

② 马克思:《1844年经济学—哲学手稿》,51页,北京,人民出版社,1979。

的关于文化的否定性的问题。马克思提出了劳动二重性的问题。马克思认为，劳动既有对人的肯定的方面，又有对人的否定的方面，即劳动异化问题。他认为，实践既然是一种对象性的活动，那么，就存在着对象化了的人类活动作为独立于人之外的客观存在，不受人的控制，反转过来却控制人的可能性。用马克思的话说，是"劳动作为一种异己的东西不依赖于他而在他之外存在着，并成为与他相对立的独立力量；意味着他贯注到对象中去的生命作为敌对的和异己的力量同他相对抗"[1]。

一旦发生劳动异化，文化就显示出否定人的特征。马克思把这种否定性描述得惟妙惟肖："劳动者生产得越多，他能够消费的就越少；他越是创造价值，他自己越是贬低价值、失去价值；他的产生越是完美，他自己越是畸形；他所创造的物品越是文明，他自己越是野蛮；劳动越是有力，劳动者越是无力；劳动越是机智，劳动者越是愚蠢，并且越是成为自然界的奴隶。"[2]

马克思所说的劳动异化是有条件的。马克思认为，异化劳动的本质是资本主义私人占有制和生产社会化的矛盾。这一矛盾导致了劳动者和劳动工具分离：劳动者对劳动工具只能使用不能占有，所以无法与自己的劳动成果统一。这一矛盾实质上是一种不合理的文化结构。文化作为人的活动结果，应该具有肯定人的性质。但是，如果文化结构不合理，实践活动的结构也不合理，由此产生的结果就会对人起否定性的作用。

马克思认为，共产主义运动的目标就是解决人和自己创造成果之间的自我矛盾，是对人的自我异化、文化否定性的抗争。通过消灭私有制来消灭劳动者和自己的劳动成果分离的结构，因为，在这种结构下，文化就不会以否定性为主，而是以肯定性为主。如果劳动者不夺回自己的劳动成果，不合理的文化结构就会吞噬掉劳动者自身，而寄生于劳动阶级之上的剥削阶级，也会因劳动阶级被文化否定性压垮而自取灭亡。这样，整个社

---

[1] 马克思：《1844年经济学—哲学手稿》，45页，北京，人民出版社，1979。
[2] 马克思：《1844年经济学—哲学手稿》，46页，北京，人民出版社，1979。

会结构就会崩溃。所以，马克思认为，无产阶级的解放不是一个阶级的解放，而是人类的解放。无产阶级只有解放全人类，才能最后解放自己。

马克思的哲学的诞生，标志着一个划时代的转折。马克思把实践理解为人的本质力量。"实践"一词源于古希腊语。古希腊人把人类活动分为两种：Praxis和Poiesis。Praxis意即行动。这种行动不是指产生或创造一个不同于行动者的客体，而是把行动作为目的自身，不产生任何自身以外的东西。这种行动实际上就是人的自我完善，是一种道德实践。Poiesis意即生产或创造。这种活动就是创造行动者身外客体的活动。Poiesis一词和Poetic（诗的）一词同源，含有艺术创作的因素。在英语里，Praxis和Poiesis的词义都可以用Praxis表达，即指人类自我完善和科学艺术方面的创造活动。Practice则泛指和理论活动相区别的一切人类实际活动。Praxis和Practice汉译都是实践。

实践问题始终是马克思主义哲学研究中备受关注的领域。特别是近年来，人们甚至从"实践唯物主义"的高度来总结、概括马克思主义哲学。但这并不等于说，人们已经对马克思的实践观一览无余了，至少以下四个方面，仍需人们认真思考。

第一，外在的实践和内在的实践。

人们一般认为，实践是人和自然之间的能动的物质变换过程，人与自然的矛盾是实践的实质。这无疑是正确的。然而，这仅仅是外在的、生存性的实践。实践还有内在的、发展性的一面。毛泽东同志注意到了这一问题。他说："无产阶级和革命人民改造世界的斗争，包括实现下述的任务：改造客观世界，也改造自己的主观世界——改造自己的认识能力，改造主观世界同客观世界的关系。……世界到了全人类都自觉地改造自己和改造世界的时候，那就是世界的共产主义时代。"[1]

改造自己的实践，就是内在的实践。自我是一个灵与肉、主体自我与对象自我的统一体。自我之所以脱离自然上升为独立自主的活动，是外在

---

[1] 《毛泽东选集》，第1卷，296页，北京，人民出版社，1991。

实践改造自然——身内自然和身外自然的结果。实践改变了自然，撕裂了人与自然的原始和谐，用自体成果构筑了分隔人与自然的屏障，造成了人的独立自主性，于是才以自我的形式存在。自我一经产生，就以自体成果的积累——文化为表现、规定和发展自身的对象，而不是以纯粹的自然为对象。自我是由对象规定的。以自然为对象，自我就由自然规定；以文化为对象，自我才由自己规定，才能成其为自我。

因此，在外在实践的基础上，形成了内在实践的要求和矛盾。为了与人为改变的自然相对应，人必须改变自我，以保存、扩大改造自然取得的成果。这样，就形成了人与文化、主体自我与对象自我的矛盾。如何解决这一矛盾，就成为内在实践的基本任务。与外在实践相比，内在实践是实践的深化和发展，是人的自我完善。任何仅仅停留在外在阶段、不能引起人内在改变的实践，都是盲目的、缺乏主体性的实践。片面的外在实践，只能造成"饮食动物"和"经济动物"。奴隶劳动和守财奴摄取财富都是缺乏内在实践的外在活动。奴隶不能和自己的劳动成果建立联系，以发展自我；守财奴只能从自然中摄取财富，并不用财富来完善自身。人之为人，仅有外在实践是不够的，人要发展，必须转向内在实践，解决人与文化的矛盾。

第二，实践的主体性问题。

人们一般认为，实践是一种主体性的活动，实践的主体性指实践是人有目的地改变客体的实际过程。这是正确的，但又是不全面的。马克思所言的实践有两种基本含义：一是指Practice，即通常所说的改变客体的活动；二是指Praxis，即人类自我完善的创造性活动。这两种实践是辩证的统一过程。

Practice是最基本的实践，体现着人和自然之间最直接、最普遍的联系。这种实践可以是主动的，也可以是被动的。例如，劳动可以出于表现自己的能力的需要，也可以是被饥饿、被环境所迫所采取的行动。自有史以来，人类绝大多数的劳动都是被动的。这种实践虽然也具有有目的地改造客体的特点，但其目的仅仅产生于环境的压力，并不是自主的活动。这种实践可以是创造性的，也可以是重复性的。例如，传统的农业耕作是人类发明创造的产物，但它周而复始，岁岁如初，一代一代不断重复前人的活动模式。和自然相比，这种实践是创造性的；和社会相比，这种实践就是重复性的、非创造性的。因此，纯粹感性的实践仅仅具有使人成为主体的可能性，而主体性能否变成现实，则取决于实践的发展方向。

Praxis是在Practice基础上发展了的实践，体现的不是人与自然之间的联系，而是二者之间的区别。这种实践是主动的。马克思指出："动物只是在直接的肉体需要的支配下生产，人则甚至摆脱肉体的需要进行生产，并且只有在他摆脱了这种需要时才真正进行生产。"[①] 所谓"真正的生产"，就是人以表现自身的力量、完善自身发展为目的的自由自觉的创造性活动。也就是说，这种实践的目的不是自然给人提出的，而是人自己给自己提出的。因此，这种实践才是主体的。这种实践不是重复性的，而是创造性的。马克思指出："动物只是按照它所属的那个物种的尺度和需要进行塑造，而人则懂得按照任何物种的尺度来进行生产，并且随时随地都能用内在固有的尺度来衡量对象；所以，人也按照美的规律来塑造物体。"[②] 摆脱了环境强制的自我表现和自我完善，完全超越了自然的规定和支撑，因而只能取决于人的自我创造。创造本身就是对原始和谐的破坏，因而是无法重复的。

Praxis和Practice是能动和受动的统一过程。Praxis是能动的实践。能动的实践不仅是主观改造客观，而且是主体创造自身的活动。Practice是受动的实践。受动的实践不仅是客观决定主观，人在活动中证明自己是客观存在物，而且是客观强制性造成的活动。能动的实践必须以受动的实践为基础和前提，以受动的实践为实现的手段。人的自我表现、自我完善、自我创造，只有在人的基本生存需要得到满足、外部环境允许人存在的条件下

---

① 马克思：《1844年经济学—哲学手稿》，50页，北京，人民出版社，1979。

② 马克思：《1844年经济学—哲学手稿》，50~51页，北京，人民出版社，1979。

才能生成，也只有在改变客体的活动中才能变成现实。因此，受动的实践和能动的实践表现的是人与自然的两种关系。受动的实践主要表现人的自然性，而能动的实践则主要表现人的主体性；受动的实践是原初的实践，而能动的实践则是发展了的实践。

第三，实践的两重性问题。

人们一般认为，实践具有两重性，既有主观能动性，又有客观强制性。因此，有人得出结论，不能用实践取代客观性，作为马克思主义哲学的前提和核心概念。应当承认，这种两重性是存在的。但是，这仅仅是受动的实践的两重性，而不是能动的实践、主体的实践的两重性。

主体的实践的两重性，是主体的自我肯定或自我否定的矛盾。马克思在评价黑格尔的劳动观时指出："他只看到劳动的积极的方面，而没有看到它的消极的方面。劳动是人在外化范围内或者作为外化了的人的自为的生成。"[①]实践作为"人的自为的生成"，超越了人与自然之间的天然依存关系。因此，人是自我完成，自己造成了自己的现实存在。这样，人的活动性质就没有先天的保证，可能对人毫无意义，也可能对人有意义；可能对人有积极意义，也可能对人有消极意义。

实践的积极意义即人的自我肯定。自我肯定是指人通过实践来表现和确证自己的本质力量，完善自身。就目的而言，自我肯定是实践的理想目标：人无需自然力量，通过自己的力量使自己成为希望成为的理想存在。就结果而言，自我肯定是实践使环境发生了有利于人的变化。人通过实践，按照自己的意志改变了客观条件。

实践的消极意义即人的自我否定。人的自我否定对人是具有双重意义的。积极的自我否定是指人通过实践改变自身，使之日臻完善。消极的自我否定主要表现在以下两个方面：一是实践仅仅停留在受动状态，即仅仅是被动的、重复的。这种实践的目的仅仅是为了生存，而不是为了人的发

---

① 马克思：《1844年经济学—哲学手稿》，116～117页，北京，人民出版社，1979。

展与完善。它的消极性主要表现在造成人对自然或某种既定的生存方式的依赖。由于缺乏创造性和主动性，人的发展僵滞在某种既定的模式之中，导致人的发展的停滞。一旦生存环境发生突然的剧烈变化，这种僵滞的主体性就会随之丧失。例如，传统的游牧民族都曾创造了灿烂的文化，但是，在这种生存方式中，创造性主要被应用于对自然的依附，一旦发生自然灾害，就会导致大批的人口死亡，甚至社会崩溃。二是创造性的实践导致与原初目的相反的灾难性后果。马克思认为，在一定条件下，特别是在资本主义私有制的条件下，实践创造的对象，会"作为一种异己的东西不依赖于他而在他之外存在着，并成为与他相对立的独立力量；意味着他贯注到对象中去的生命作为敌对的和异己的力量同他相对抗"[①]。这就是实践的异化。异化是指实践的结果成为与人相对抗的异己力量，是人对自己活动的结果失去控制造成的。在活动失控的情况下，人的创造力越强，创造的结果对人类的破坏、否定的可能性也越大。

实践的两重性是肯定和否定的辩证过程。人通过实践把自己创造成主体，这是人的自我肯定。每一次肯定，都使人的本质力量获得了对象性的存在，在实践对象中变成现实，从而消除了对象的异己性。同时，由于获得了对象性的存在形式，每一次肯定又是主体的自我否定。扬弃了主体的原初状态，使主体得到发展。但是，发展的前提是主体能够控制自己的活动结果，保证主体的对象性存在不至于变成异己的存在。否则，自我肯定就会变成消极的自我否定——自我破坏乃至自我毁灭。

第四，实践的批判性问题。

人们一般认为，实践具有批判性。这种批判性就是能动地认识世界和改造世界。实践无疑是用实际行动去批判理论、批判客观世界，但是，这并不是实践的批判性的全部含义。实践的批判性不仅是外在的，而且是内在的，是一种自我批判。

实践批判的外在性即指实践对主观世界和客观世界的批判。实践对主

---

① 马克思：《1844年经济学—哲学手稿》，45页，北京，人民出版社，1979。

观世界的批判即实践对理论的扬弃。马克思说:"人的思维是否具有客观的真理性,这并不是一个理论的问题,而是一个实践的问题。"①理论的形式是主观的,内容是客观的。理论内容的客观性的程度,只有经过实践变成客观现实,才能得到验证。实践对客观世界的批判即实践对客观世界的改造。马克思说:"环境的改变和人的活动的一致,只能被看作是并合理地理解为革命的实践。"②实践活动的出发点是人意识到环境不能满足人的需要,实践的目的就是使环境按照人的意志改变形态,以满足人的需要。这两种批判之所以是外在的,都是因为这些活动不是以实践自身为对象,而是以实践的对象为对象。

实践批判的内在性是指以实践自身为对象的自我批判。实践的内在批判取决于实践自身的两重性。既然实践结果可能是积极的,也可能是消极的,这就要求人们对实践本身采取行动,努力使实践向积极的、肯定人的方向发展。马克思说:"辩证法不崇拜任何东西,按其本质来说,它是批判的和革命的。"③实践批判的内在性决定了人对实践不应该采取自我崇拜的态度,而应该采取自我批判的态度。实践的自我批判就是人对实践的自我反省和自我控制。自我反省是指精神领域的自我批判,是对实践两重性的自觉,是对人类自我中心论、自我迷信的批判;自我控制是指现实领域的自我批判,是对实践的消极意义、异化的抑制机制,是人对实践的自我调节。

实践的批判性是内在和外在的统一。内在批判是由外在批判引起的,外在批判是内在批判的基础。失控、异化,都是创造活动的后果。由于创造引起了新的矛盾,所以才需要人自我反省和自我控制。外在批判是内在批判的实现手段。人只有通过对主观世界和客观世界的改造,才能实现自我反省和自我控制。内在批判决定了外在批判的性质和发展方向。只有自

---

① 《马克思恩格斯选集》,第1卷,16页,北京,人民出版社,1972。
② 《马克思恩格斯选集》,第1卷,17页,北京,人民出版社,1972。
③ 《马克思恩格斯全集》,第23卷,24页,北京,人民出版社,1972。

觉的、受控制的实践对人才是有益的；失控的实践不但不会满足人的生存和发展的需要，反而会对人类社会造成损害。因此，人类社会越发展，越需要加强内在批判。

正因为意识到这一点，马克思才提出了实践以及人类应该如何实践的问题。马克思主义哲学实践观的确立，标志着人类主体意识的重大转折。在马克思看来，人的主体性不是先天的，而是人自己创造的。人的实践活动既可以把人创造成为主体，也可以把人的主体性否定掉。因此，在主体性的问题上，人不应该自我迷信和自我崇拜，而应该代之以自我反省和自我控制。这一结论宣告了近代精神的终结，预示着现代精神的来临。这就是马克思主义哲学能够成为跨越世纪的哲学的主要原因。

所谓现代精神，就是人类的自我批判精神，就是人类自我反省和自我控制的主体精神。马克思主义哲学体现的主体意识，就是这种现代精神。马克思主义哲学的诞生，标志着人类自我意识从自我迷信进入了自我批判、自我反省和自我控制的阶段。

二、人的自我矛盾

人与文化的矛盾是现代社会发展的主题。它要求人们优先解决人与自身活动成果之间的冲突，了解其特点，把握其实质。

人与自然的矛盾是生存性的矛盾，人与文化的矛盾是发展性的矛盾。人和其他生命现象一样，有生存和发展这两种既相区别，又相联系的基本需要。对人类来说，生存矛盾就是人与自然的矛盾。生存需要自然为人类提供生存条件，生存需要满足了，人的存在也得以延续。自然是生存活动的直接对象。文化的产生就是满足生存需要的结果。由于人的生存需要是实践性的，不能直接得到满足，于是人把自然之物加工改造成文化，满足人的生存需要。因此，文化的诞生与更新，标志着人与自然矛盾的不断解决。

发展矛盾不是人与自然的矛盾，而是人与自身的矛盾。发展起因于两种情况：一是环境变化要求改变人的生存状态，二是满足了的生存需要提出了更高的生存需要。这两种要求最终必须通过提高生存技术来解决。因此，发展的对象不是自然，而是文化——人的生存技术。人与文化的冲突不是生存的需要引发的，而是满足生存需要的结果引发的；不是人反抗自然强制的结果，而是人对自身的生存状态不满的结果；不是外在的矛盾，而是人与自我之间的内在的矛盾。

当然，生存和发展不能截然分开。人与文化的矛盾的解决，既改变了人的自身状态，也改变着自然。发展性矛盾的解决，提高了人的生存技术，从而产生了更高的生存需要，促进了文化的发展，提高了人的生存状态。因此，一切发展性矛盾追求的都是更高的生存需要。发展性矛盾和生存性矛盾的根本区别只在于，生存性矛盾直接地是人的自我维持，发展性矛盾则是人的自我提升。

自我是一个复杂概念，作为哲学概念，人们一直沿袭笛卡尔的传统，把自我定义为在活动中自身发出活动，又以自身为活动对象的活动主体。"我思故我在"，从笛卡尔到德国古典哲学，人们都把自我理解为独立于物质世界的精神活动。

打破这一传统的是马克思和弗洛伊德。弗洛伊德把人的自我看成一个由本我（id）、自我（ego）和超我（superego）构成的人格结构。本我是有意识活动背后的本能；超我是内化到个人意识中的社会规则和理想；自我是介于二者之间的意识活动，负责调节本我和外界的冲突，接受超我的控制和监督。弗洛伊德扩大了自我的领域。在他的人格结构中，自我仅仅是全部意识活动中的一个部分。

无论把自我扩张到何种地步，弗洛伊德的自我最终仍然是意识的或无意识的活动。按照马克思的观点，自我是精神的，是实践的主体。他指出："人不仅像在意识中所发生的那样在精神上把自己化分为二，而且在实践中、在现实中把自己化分为二，并且在他所创造的世界中直观自身。"①实践是一种身心协作的活动。实践的自我不是纯粹的精神活动，而是一个身心统一体，自然本能与社会关系的统一体。在这一点上，弗洛伊德远比笛卡尔们更有见地。他并没有把人的身内自然排除在自我之外，只不过他没有像马克思那样，把自我看成一个实践过程，而只看成一种先天结构。

作为实践的主体，人的自我包括身内自然、精神活动和内化在人心内的社会关系。身内自然是一个自然的自我，本能的自我。本能是人与自然之间先天的和稳定的联系。本能作为先天的遗传因素，已经由哲学思想得到了科学证实。在婴幼儿阶段，本能作为摄食、自卫、交流等基本行为模式，曾起着支配作用。随着人的心理发展，后天的教育模仿逐渐取代了本能的支配地位。在成人阶段，本能被意识化、社会化了，以自觉的和社会的形式支配人的行动。几乎在所有社会行为后面都可以发现本能提供的原始模型。社交仪式是识别种群、消除敌意的梳理模式的演化，竞赛是原始攻击性的社会认可的宣泄形式，婚姻是性本能的社会化了的满足形式。没有什么人能够彻底摆脱本能的影响，人只能缩小本能的直接影响，使之获得自觉的、社会化的合理形式。因此，本能是自我最初的、必不可少的组成部分。

首先，本能是人类活动的原始动因。本能作为人与自然之间的先天联系，直接导致人与自然的矛盾。本能提出了原始的生存需要，促使人以自然为活动对象。人的自我的最初的模式是由本能提供的。我是谁？我最初就是我生下来时的那个我。由于后天的发展，人们往往无视这一自我的存在，以为自我仅仅是精神和社会。这实际上是本末倒置。精神和社会之所

---

① 马克思：《1844年经济学—哲学手稿》，51页，北京，人民出版社，1979。

以发展，其原始动因就是满足本能的需要。马克思提醒人们不要忘记一切历史的第一个前提，这个前提就是：人们为了能够创造历史，必须能够生活。但是为了生活，首先就需要衣、食、住以及其他东西。因此第一个历史活动就是生产满足这些需要的资料，即生产物质生活本身。

其次，本能的自我是人类活动的潜能储备库。马克思称实践为唤醒"自身的自然中沉睡着的潜力"的过程。人体科学的研究表明，除了已作为处理人与自然关系的稳定模式的思维、意志、行为等能力外，人体还蕴含着诸如联络、超感、电、磁等许多看上去显得神秘的其他能力。由于意识—行为结构已成为人的主导模式，所以，这些能力得不到充分发挥，有些能力逐渐退化，有些能力常常被视为怪异。然而，抛除了这些潜能，人的自我并不完整。

精神活动构成了自觉的自我，意识的自我、精神的自我是人独立的精神活动，包括自我意识和个性。

自我意识是以自身为对象的意识，即把自己理解为和其他存在相区别的独立个体，独立决定自己的活动，独立对自己的行为负责的能力。美国现代心理学家罗杰斯把自我概括为个人对自己心理活动的全部经验，这个自我主要就是自我意识。因此，自我意识常常被混同于自我。当人们认定自我的本质是意识（如黑格尔）时，自我意识的含义可能是指自我即意识。当人们强调"认识你自己"时，自我意识的含义则是指关于自我的意识。

个性是个人特有的心理特征，是个人自我和他人自我之间的区别。个性构成了自我的独有内容。任何精神的自我都是自我意识和个性的统一。自我意识是反观自身的精神活动，个性是自我意识所反观到的内容。这一统一决定了自我的本质特征：首先，自我就是与众不同。我是谁？我首先不是你。自我意识发现个性，就肯定了人与外界、个人和他人的差别，从而把自我从环境中提升出来。其次，自我就是独一无二。卢梭说得好，大自然塑造了我，然后就把模型打碎了。自我意识发现的差别，是存在的断裂。我就是我，不能是其他什么。一旦找到基本相同没有个性的两个自我，自我即告消失，这说明二者之间还没有分化。再次，自我就是独立自主。自我是一个能够独立活动，又独承其责的实体。"违心"一说是根本不成立的。无论外在压力多强大，最终都必须通过自我意识的认可才能引起自我的行为。"违心"实际上是自我要改变自己的初衷，尽管不情愿，但还是改变了初衷。

精神的自我是自我的核心部分，集中体现了自我的特点和优势。自我的发现赋予人的存在以特殊意义。既然自我与众不同，自我的发展便是不断保持和丰富个性，强化与环境的差别。既然自我独一无二，自我的存在便有了意义和价值。人类是世界上第一个，也是最后一个这样的自我；个人是世界上第一个，也是最后一个这样的自我。既然自我独立自主，自我的活动便有了目标，即从自然状态中挣脱出来，获得自由。人和自然的冲突，就是由于人意识到自身是自我所引起的。

理想的自我是内化到个人自我之中的社会关系，主要由良心和人格组成。良心是内化到个人精神活动中的社会规范，是个人认可的理想行为模式，是一种个人自律的精神力量。人格是自我的理想模式，即个人内心期望的"应该如此的自我"。良心可以看作人格的表现。由于自我期待自身成为那个"应该如此的自我"，就对行为提出内心准则，以实现自己的人格。

理想的自我是精神自我的发展和目标。精神自我作为意识活动，有三种发展可能性：一是作为本能自我的自由表露，二是作为听凭环境摆布、随遇而安的流浪者，三是根据自我意识作定向的个性发展。理想自我就是后者的产物。个性发展意味着个性丰富和改变，一方面个性要不断从自身的潜能中开掘，另一方面又要不断从外界汲取。开掘本能是使本能以社会认可的形式实现，汲取外界则是学习其他自我的过程。因此，理想自我就为精神自我的发展提供了控制器和参照系。

自我的三重结构，导致了人的内在冲突。本能自我可以归结为人的自然性。它的特点就在于盲目性，即寻求不加人为节制的满足。如果人听任本能自我的驱使，人就将完全受制于本能自我。环境给予自我怎样的刺激，自我就回报以怎样的反应。除了满足被刺激起来的需要以外，自我不追求任何其他东西。精神自我可以归结为人性。它的特点就在于理性。理性首先是对自身的自觉，意识到本能自我的存在和精神自我的存在，承认二者的正当性。但是，本能自我和精神自我中的正当性是相互对立的，盲目性和自觉性是相互冲突的。自觉就是超越本能，提出精神自我的特殊需要。这种需要不同于本能。它产生于自我自身，以自我为对象，而不是以自然为对象。这样，就产生了不同于自然性的人性要求。在精神自我中，人性和自然性的冲突成为其主要内容。精神自我的作用就是力图把自然性纳入人性之中，并显露出来。

理想自我可以归结为"神性"。这里所说的"神性"不是指神话和宗教赋予众神的万能力量和至善至美，而是指人所追求的人性至善境界。神话和宗教不过是这种追求的表现形式。神性是自我对自然性和人性冲突的自我判决。神性揭示了人性和自然性的本质区别，是对人性的净化，或者说，是对自然性的抑制。神性引导人们摆脱自然状态，使人成为把人的全部特点实现出来的"神"——完美的人。神性是一种理想的人性，是借助社会性对自然性所实施的一种抑制力量，而不是个人自我的现状。各种社会规范都是神性对个性中自然性的限制，或者叫作自然性的社会化形式。

正是自我内部自然性、人性和神性的冲突，才引起了自我的分化。所谓自我分化，是自我对象化的过程。自我对象化就是主观状态、自然性、人性和神性之间的冲突没有证明，转而向外寻求证明，以确定究竟哪一种性质在自我之中居于支配地位。这就是人与文化冲突的内在原因。

三、自我与对象的矛盾

人之为自我，起源于人与自然的分化。在人与自然分化之前，二者关系是天人一体。所谓天人一体，是说人与自然是同一的。人是自然的一部分，与其他自然之间存在着天然的对象性关系。

动物没有主体性，但能最大限度地与环境保持协调关系。

首先，由于依赖先天的自然禀赋，动物的器官及其功能与环境之间存在着先天的匹配关系。特化了的器官是运动机体适应环境的结果，它们的功能就是环境本身提出的要求。对一个生态群落来说，水、土、草、树、虫、鱼、鸟、兽，都是相互依存又相互制约的环节。每一物种的存在和数量，都取决于其他条件的存在和数量。所以，它们的生存方式就是不断调节自身和环境的匹配程度。每一次、每一代的活动结果都是不断向自然复归，消除任何偏离匹配关系的行为。

其次，由于依靠先天的匹配关系，活动结果导致的是活动者与环境的平衡而不是紊乱。排除内外条件的突变，动物活动每一次、每一代都回到原初的起点。一只狼吃掉一只兔子，等于这只兔子原来就不存在，其他兔子会代替它继续吃草，同时，也等于狼原来就不饿。因为它们不过是天然环境功能的延续，它们的活动留不下任何有意义的印迹。尽管狼和兔子一生中可能拥有许多初生时不具备的经验和技巧，但这些都是纯个体的，不具有普遍性，也无法完整准确地传递给下一代，所以，小狼、小兔都是从零出发。一切动物都在无限循环中运动，生命活动成功的标志就是保持与环境的平衡。一旦失去平衡，要么改变物种，要么丧失生命。

再次，由于依靠先天的匹配关系，活动过程不过是各种先天模式的演示。对动物来说，先天遗传和环境都是既定的，因而它们有着既定的生长衰亡的周期和节奏。它们对于未来既不忧虑也不憧憬，因为它们既不能为自己的未来做主，也不用对未来负责。它们不过是预定的周期和节奏的执行者。

没有分化的天人一体之中，人只是一种动物身份。如果没有主体性，人就既不独立，又不自主。道家所向往的天人合一，实质上就是没有分化的天人一体，希望依靠天人之间天然的对象性关系避免天人冲突。

天人分化就是人与自然之间天然的对象性关系的破裂。动物与自然之间的天然的对象性关系也会发生破裂，如环境的变迁、体内遗传的改变，都会使动物失去天然庇护。面对对象性关系的破裂，动物的应战方式是改变物种，通过改变身体器官来适应变化，重建与自然的对象性关系。

和其他动物一样，人类的祖先也遇到了天然的对象性关系破裂的挑战。人之成为主体，最初并不是自觉的、兴高采烈的，而是被迫的、孤注一掷的。最初，类人猿也走所有动物走过的老路，通过改变身体器官改变自己的物种以求生存。但是，它们改变的器官是脑和手，由此产生的后果是开天辟地的。脑的活动产生了自然界不曾有过的观念世界，手的活动能够把观念世界变成现实世界。这样，就在自然界中增添了一个前所未有的由人自己创造的世界。用脑手系统应战的结果不是恢复天然的对象性关系，而是创造了一种人与自然之间的新型的、以人为中心的对象性关系——实践关系。

实践关系就是以人为目的，以自然为实现目的的手段的关系。在实践关系中，身体器官与身外环境之间是否天然匹配、对应是无关紧要的，因为还有脑手系统的活动。人可以通过改造自然来恢复人与自然之间的平衡。这样，人就永远失去了与自然之间的原始平衡。

首先，人主要不是以依赖自然禀赋，而是以依赖积累自体成果的方式与生存压力抗衡，从而成为主体的。这种生存方式与自然之间没有先天的匹配关系。也就是说，人失去了天然的保障。所谓自体成果，就是指自己的活动制造的成果。这是人类实践的一个基本特征。人一旦开始依赖积累自体成果的方式活动，就意味着跳出了先天的存在者与环境的匹配关系。人们不仅从环境中接受能量、物质和信息，而且也从自己的活动结果中接受这一切。这样，人与环境之间的输入和输出始终无法平衡。人对环境的输出总是大于环境对人的输入,这意味着环境始终无法为人的创造提供保证,这就是失乐园的神话所反映的人类自我意识的矛盾主题。用美国的弗洛伊德主义哲学家弗洛姆的话说,"既然失去了乐园、与大自然的和谐,他就成了永远的流浪者。"[1]

其次,依赖积累自体成果的生存方式与生存压力抗衡,实际是用不断增加人自身的复杂性的方法来减少环境的复杂性。或者说,是用环境的紊乱来换取自身的平衡。自体成果的积累,使"自然物体本身就成为他的活动的器官,他把这种器官加到他身体的器官上,不顾圣经的训诫,延长了他的自然的肢体"。这种由人创造的身外器官,不依个人的死亡而消失,从而使人类每一次、每一代都可以在先前取得的成果的基础上活动,每一次、每一代的活动都有可能比前一次拥有更高的起点,都可能提高人类生存的复杂性。这样,无须期待内外条件的自然变化,人类自身的活动就可以引起生存条件本身的变化。人不断创造着扩大自体成果、远离自然平衡的要求。一种自体成果的产生,既是实践的成功,又是对人与自然的平衡的破坏,会不断引起自身与环境的不匹配和紊乱。为了消除紊乱,人类必须不停地创新,用新的紊乱取代旧的紊乱,从而造成创造和紊乱之间无休止的交替运动。这正如普赖斯所说:"我们会撕坏我们刚一接触之物。"当然,我们也在不停地撕坏我们自己。

再次,由于人类选择了依赖自体成果的生存方式,人类就失去了先天模式的保证,必须对自己的行为可能导致的后果负责。自体成果的积累超出了先天遗传的范围。自体成果积累得越多,先天本能支配的领域就越小。当依靠自体成果积累成为生存的主导方式,先天本能就丧失了支配地位,活动就由受先天本能控制转化为受活动成果积累方式控制。用马克思的话说,"他们是什么样的,这同他们的生产是一致的。"这样,人的结局失去了预定的归宿。人是自己造成了自己没有预定的保证,这就使人面临着责任的压力。由于人的创造可能产生的一切后果,好的和坏的,都必

---

[1] 宾克莱:《理想的冲突》,142页,北京,商务印书馆,1983。

须由人自己承担，于是，人就有了时间，有了未来，有了关于未来的期望、憧憬和忧患。

　　文化就是人为对抗自然压力所创造的自体成果以及积累。文化具有双重身份：一方面，文化是人用以对抗自然的自身组成部分。人之所以为人，不是因为本能，而是因为文化。在人与自然的关系中，文化作为人的本质特征而存在。另一方面，文化是人创造的成果，独立于个人之外而存在。任何文化，无论是精神文化还是物质文化，一经产生，都是不以人的意志为转移的客观事实。例如，传统文化和外来文化，无论人们是否喜欢，它们都会依然存在。

　　因此，文化对于人而言，既是自我，又是对象。人与自然的关系可以看成自我与对象的关系，人与文化的关系则可以看成主体自我与对象自我的关系。主体自我和对象自我是自我的一分为二。主体自我是自我本身，对象自我是自我的对象化。自我分化为主体和对象，是人的发展的要求。

　　首先，自我分化是人与自然分化的结果。人与自然分化的实质是人用文化代替、补偿身内自然的功能，用人的力量物化在自然之中的形式改造自然。文化作为人的自体成果积累，一方面是自然本能的替代和补充，另一方面又是人的物化、自然的人化。因此，文化作为移入自然的自我，获得了主体自我所不具备的独立于人身之外、以自然之物为载体的表达形式。毕加索和梵高不可能走遍全球，但他们笔下的雄牛和向日葵却走遍了世界。即使现在他们二人都已长眠地下，但是，由于有独立于自身之外的对象自我的存在，他们的自我从不曾泯灭。

　　其次，自我分化是主体的扩大和发展。发展就是更新。文化不是别的，恰恰就是新的自我的表达形式和生成来源。没有对象，自我只能停留在原来的状态中。任何新我都是从文化中摄取营养后产生的结果。取之于自我，我还是我；取之于他物，我才有所添加。然而，若取之于自然，添加的并不是我，而是非人非我之物。我打造了一件兵刃，等于我的指甲的延长；我描龙绣凤，意味着我的大脑思考的痕迹。文化是自我并吞自然的形式。自然之物一旦变成文化，就成了扩大了的自我，因此，创造文化，使自身对象化，实质上是自我的本性。

再次，自我分化是自我意识的要求。人从自然中分化出来，孑然一身，独行于世。同自然的决裂，使人后无依靠，前无寄托。环顾四野，处处是与己对立之物，自身作为独立特异之物孤立在世界上。这种对立，反射到人的精神活动之中，势必导致李尔王的呐喊："谁能告诉我，我究竟是谁？"问"我是谁"，即意在寻找自我与外物之间的差异之处。正如意大利现代剧作家皮兰德洛所言："我是谁？我有什么证据来证明我是我自己，而不是我的肉体的延续？"人与外物的差异之处，恰恰就在于人创造了文化。因此，我是谁？我就是我所创造的文化。什么是思想家？思想家就是他那些与众不同的著述和言论。什么是木匠？木匠就是他所使用的斧刨和打制的木器。写不出著述，思想家便不再是思想家；造不出木器，木匠便不成其为木匠。文化就是人的本质规定。了解一个人，实际上是了解这个人所拥有的文化。

在这一意义上，文化就是人的自我证明，是人之为人的证据。创造文化，一方面是向自然求生存，另一方面是向他人出示证据。人都是通过文化识别、认同同类的：基督徒手画十字；同乡有相同的口音；数学家能演算；小偷能在不被别人发现的情况下，拿走属于别人的东西。人人都有或美好或邪恶的期望，而期望的实现取决于人所创造的文化。大多数青年都有过"名人梦"，都希望自己成功，但最终成为名人的人为数寥寥。那些不成功者之所以不成其为名人，就是因为拿不出证明自己的证据。

人之为人，不仅在于文化撕裂了人与自然的天人一体，而且在于文化撕裂了自我。自我分化的意义是两重的：既使人摘取了金苹果，又使人打开了潘多拉的盒子。主体自我必须依赖对象自我，对象自我是外化了的、凝固了的自我。主体自我作为人的身心结构是内在的、可控的、不断变化的，而对象自我却不能被随心所欲地控制，随主体自我的变化而变化。这就构成了主体自我和对象自我之间若即若离，又不即不离的矛盾。

首先，自我与对象之间存在着一场永无休止的搏斗。自我为了保持自身，必须和对象保持距离；为了显现自我，又必须消除二者之间的距离。这场搏斗有如冤家之间的恋爱：为了被爱，人必须成为主体，不断用自身特性和优越性吸引、征服、超越对方，把对方变成被魅力征服的对象；为了爱他人，人必须把自己变成对象，受他人的吸引，被他人征服。而且，要先爱他人，最终才能得到他人的爱。恋人们总是在爱与被爱、征服与被征服之间，翻来覆去地折腾。

其次，自我与对象之间还存在着一场永无休止的纠缠。一方面，对象是自我显示其独立性、自主性的手段、条件。对象是自在的，也是自我为了实现自身而确立的。作为对象之物，由于其独立于自我之外，因此，不依自我的意志转移。但是，作为其对象的意义却完全源于自我分化。自我的意义和对象的意义是互补的。对象和自我是互为缺失的。自我缺什么，对象就有什么；自我越独立自主，所需要的对象就越复杂多样。每一个自我都拥有相应的对象，从对象中可以透视出自我拥有的对象的复杂多样程度。波罗罗人不能以红金刚鹦哥为对象，就没有一种能够完全独立于环境之外的自我。终日为鬼神纠缠不休的原始部族，其自我不能对抗强大的自然力。总之，对象是一面提供自我状态的镜子。另一方面，作为异己力量，对象不断抑制自我，向自我的独立性和自主性挑战。自我之所以不能摆脱与对象的冲突，就是因为自我处于对象汪洋大海般的包围之中。对象像鬼神一样，无时不有，无处不在。自我稍加松懈，就会丧失独立性、自主性，被对象同化。对象之所以能够压抑和束缚自我，是由于自我无力对抗对象的强制。一旦消除了对象的强制，自我便会化解。为了保持自我、发展自我，就必须制造新的分化，寻找新的对象。从无知到有知，是自我的发展，也是对认识对象的克服。但是，有知意味着开启了不会再度关闭的闸门。知之越多，问题就越多，未知领域就越大。当人的视野局限在地球之内时，灵魂还算安宁；一旦人的头脑飞出地球，灵魂就永无安宁之日了。要认识地球，就不能不认识太阳；要认识太阳，就不能不认识整个太阳系；要认识太阳系，就不能不观察银河；要观察银河，就不能不发明精确的观测仪器；而要发明这样的仪器，就不知又要遇到什么问题了。

于是，自我与对象之间出现了一场永无止境的攀登竞赛。自我为了成为主体，攀越了一座又一座山峰。当他登上原来期望的最高峰时，坐在那里等待他的还是一群对象。

因此，自我意识和对象意识的冲突是意识自身的主要矛盾。问"我是谁"，意味着自我确认，问"我不是谁"，意味着自我不完满。因此，对象意识总是刺激自我意识，自我意识不断地通过对象意识反观自身，从而产生超越对象的追求。这种追求本身就是一个矛盾：如果超越对象的目的不是取消自我，那么，所有超越不过是改变自我与对象的对立的方式和程度，因为自我本身就包含着对象。企图超越想保留之物，这就是自我意识和对象意识冲突的困境。

四、自我意识与文化的矛盾

解铃尚须系铃人。人与文化的冲突既然是实践造成的，也只能通过实践的发展来解决。实践矛盾可以有物质解决的方式，也可以有精神解决的方式。精神解决是确立正确的实践意识，物质解决是通过技术手段把正确的实践意识付诸实践，改变人与文化的冲突状态。实践是目的性的活动。没有合理的实践意识，实践是盲目的、外在的、消极的，就会导致否定人的后果。确立正确的实践意识，是物质解决的理论前提。

实践意识就是关于人如何行动、如何在行动中完善自身的意识，也就是人的自我意识。实践意识的核心是目的和意志的活动。在实践目的中，人乃是最高的及最终的目的，所以，实践意识也是以人自身为目的的自我意识和对象意识的统一体。

自我意识是精神自我的核心。个性不过是自我意识连续而稳定的表现。自我意识的主体是人。自我意识可以分为个人自我意识、群体自我意识和人类自我意识。个人自我意识的主体是个体，以个人的文化活动为对象，以个体意识为表现形式；群体自我意识的主体是社会群体，如团体、阶层、阶级，以群体的文化活动为对象，以团体意识、阶层意识和阶级意识为表现形式；人类自我意识是人的类意识，以整个人类的历史文化为对象，以对人类社会历史、现状和未来的思考为表现形式。所以，乐观主义和悲观主义的冲突，可以看成是当代人类自我意识的冲突。

自我意识作为实践意识，所面对的是实践引起的人与文化的冲突。这一矛盾反映到意识中，集中体现为自我认同与自我批判的矛盾。自我认同的全部意义，在于揭示"我是谁"。"我是谁"的追问，根源于人类自我的本性。

人类自我是自由自主的，这一点取决于自我的未规定性。马克思认为，"自由自觉的活动恰恰就是人的类的特性。"自由是说人的本质不是先天固有的，"在其现实性上，它是一切社会关系的总和"[①]。人是什么，需要通过后天的活动来规定。这种后天规定是实践的特性。实践是创造性的活动。实践结果总是改变着活动的起点，使实践主体不能完全复归于原初的规定，在实践过程中不断获得新的规定。人播下的是种子，收获的是庄稼；投到熔炉里的是石头，流出来的是铁水；看到的是事物，说出来的是思想。在森林里，老虎是百兽之王；在人类社会中，没有至高无上的主宰：王冠会落地，小丑会发迹，英雄会潦倒，懦夫会变成勇士。实践的自我不可能有一个一劳永逸的规定。如果说有的话，也只能是自由——一种未规定性。

当然，自我并非空无。一方面，先天遗传会赋予人以本能的自我，这

---

① 《马克思恩格斯选集》，第1卷，18页，北京，人民出版社，1972。

些本能提供了自我发展的潜能。然而，潜能毕竟不是现实。作为可能性，潜能的实现是多样的，这就为人的后天活动提供了选择余地。另一方面，任何个人都必须拥有人之为人的普遍规定。这些规定构成了基本的实践框架，如思维、语言、劳动、社会关系等。然而，潜能如果脱离了具体性的思维、语言、劳动、社会关系，它就只是一种抽象。潜能和普遍规定都需要以后天活动为条件。落实到个人身上时是千差万别，没有一个绝对的预定。

马克思说："个人怎样表现自己的生活，他们自己也就怎样。因此，他们是什么样的，这同他们的生产是一致的。"[1]为了生存和发展，人必须不断实践，自我也就不断流变。"我是谁"不是一个一劳永逸的答案，而是一种无穷无尽的追问。因此，自我意识的特点是一个矛盾体：能够知道自己是谁，又不断失去已经得到的答案。实践活动能力越强，自我流变的节奏也越快。印第安人素以恪守传统著称，看不惯白人的忙忙碌碌。一位酋长满腹疑虑地感叹道："我们不了解白人，他们老是渴求东西——老是坐立不安——老是追求某种东西。我们真想不通这是什么道理，我们确是无法了解他们。……我们看来，他们简直像是疯子。"[2]

除去保守性，这位酋长道出了人类的自我困惑：越是想知道自己，越难于知道自己。这是因为，自我意识仅仅是一种活动，需要从对象身上获取内容规定自己，而自我本身又偏偏是个未规定性，"我看我"等于空对空，什么结论也得不到。另外，自我总是流变，一看就变。自我意识不同于一般的意识活动。一般的意识活动都是对象意识，以人的身外之物为对象。自我意识则以人自身为对象，不是"我看他"，而是"我看我"。"我看我"的最大困境是自我互动效应。"我"发出"我看"的活动的同时，"我"本身已被"我看"的活动改变了。"我"事先已知自己"被看"，所以会以"被看"的样子显现在"我看"面前。"我"所看到的只

---

[1] 《马克思恩格斯选集》，第1卷，25页，北京，人民出版社，1972。

[2] 荣格：《现代灵魂的自我拯救》，320页，北京，工人出版社，1987。

能是"我看"这样一种自我的特殊表现,无法达到自我本身。自我意识就如同一个黑箱,在外边什么也看不见,打开后看到的只是白箱,黑箱却不见了。

因此,自我意识只有通过某种中介才能反观自身。以纯粹的客观之物为中介,得到的只是对象意识,自我反观不到自身。自我只有以文化为中介,才能通过对象自我反观到主体自我。文化是人创造的成果。人从中观照到的恰恰是"我"凝固的活动,是过去的"我"。文化是自我意识的"日记",人从中看到的是自己走过的道路和消逝了的身影。所谓自我意识,就是通过认识文化发现自我的过程。文化的凝固性和确定性,恰好是对自我的流变性和未规定性的补充。

问"我是谁",是在寻找自身与外物之间的区别。或者说,是在追寻我之为我之根。自我始于人与自然的分化。如前所述,这一分化是人自体成果积累的结果。某些高级动物,特别是黑猩猩,也能简单地加工改造自然界。英国现代著名人类学家珍妮·古多尔发现,黑猩猩能够把草棍、树枝加工成简单工具,有时甚至收集一些中意的、经过加工的棍棒以备后用。这种行为和人类最初的工具性活动没有什么差别。但是,令人既疑惑又遗憾的是,黑猩猩没有继续前进,而是在和人类分手后的900万年①之间踏步不前了。

美国现代著名盲聋哑作家海伦·凯勒,1岁半时失去了视听能力和语言能力,生活在只有触觉和嗅觉的黑暗世界。除了还是个人以外,她的处境比黑猩猩要糟糕得多。但是,当她在7岁第一次掌握了拼音符号时,奇

---

① 美国耶鲁大学教授C.西伯雷根据分子生物学推算,人类和黑猩猩之间DNA分子结构之差为1.9%。按照DNA结构每500万年变异1%计算,黑猩猩与人在大约900万年前由共同祖先分化开来。而被认为人类远祖的拉玛古猿化石距今1500万年。人类和黑猩猩很可能是这同一祖先的后裔。在东非高原发现的旧石器遗址,距今已有350万年。这是迄今为止发现最早的旧石器遗址,是在人类和黑猩猩告别600万年之后。从地质年代看,这不过是瞬间的变故,而对于人类来说,却是相当漫长的距离。

迹发生了。她几乎摸到什么就拼读什么，很快抛弃了类似于黑猩猩的专门信号和手语。后来，她成为世界闻名的作家。

当然，凯勒的奇迹在于她生活在人类社会中。但是，社会又凭借什么使她摆脱天人一体的黑暗状态，一跃成为主体的呢？是符号——意义系统。符号是用以代表事物的标记，是事物感性表征，它所表达的是某种可以被理解的意义。意义是符号所表示的内容，体现的是主观和客观之间的关系。符号的形式往往是客观的、感性的，所表达的是主观对客观的理解和概括。凯勒可能什么也感觉不到，什么也创造不了，但她一旦掌握了符号——意义系统，她就有可能掌握人类以往积累的一切自体成果。这样，她才能够无须从零出发，超越身体残疾的障碍，成为一名卓有成效的作家。

动物，包括聪明的黑猩猩，绝没有凯勒这样的幸运。它们一生中能够积累许多经验技巧，个别分子甚至能发明创造。但是，它们没有找到把这些经验技巧、发明创造以凝固、概括的方式保存、积累下来的方法。没有凝固、概括的积累方法，动物的活动成果就无法进行超个体性的传递。美国现代人类学家弗·法伊说得极妙："非人类灵长目动物会学，但不会教。"[①]更可悲的是，由于无法有效地进行超个体传递，活动成果会随掌握个体的死亡而消失。动物们不得不一代又一代从头开始，依靠本能重复前辈重复过的活动，始终无法突破本能的束缚，也就无法实现与自然的分化。

文化作为符号——意义系统，是人深植在自己活动成果之中的根。符号——意义系统的第一个功能是向人类显示其活动留在对象之中的痕迹。睹物思人，见到痕迹，就见到了自己逝去的活动，由此引起自我意识。以此类推，见到他人痕迹，就可以产生同为自我的类意识和自我之间差异的个性意识。第二个功能是凝固活动成果。实物形态的成果容易损耗变形，磨去人的痕迹。如果把成果抽象为可以用某种耐久的实物表现的符号，成

---

① 基辛：《当代文化人类学概要》，17页，杭州，浙江人民出版社，1986。

果就被凝固,而且可以长期保存了。文字、图形、建筑物都起到这种凝固作用。有了符号——意义系统,人就有了记录,活动就不至于在历史长河中迷失。第三个功能就是达成沟通与理解。符号是凝固的活动成果,可以脱离其创造者独立存在。海伦·凯勒虽然几乎什么也创造不了,但她一旦掌握了符号本身的使用方法,就可以获得前人创造的成果,从而弥补自身缺陷。后人与前人通过符号达成了沟通与理解。

因此,人与文化的关系是主体自我和对象自我、"我"和"我"的对话。在文化中,自我超越了空虚的外壳,反观到自身具有的内容;同时,自我还可以反观到自我得以存在的基础。对个人而言,任何文化都是既定的事实,只要掌握了破译文化的方法,就可以拿来我用。与此同时,无数他人的自我也随同文化一起涌入了个人的自我。任何自我的规定,都来自无数个死去或还活着的已经转化为文化的自我活动。正是通过文化的创造与认识,人才成为社会存在物。

自我认同的作用,就在于把分化为个人的一个个独立个体,在精神上用文化黏合为一个整体。自我固然是独一无二、与众不同、自由自主的,但通过文化认同,自我的真面目便暴露无遗。每个自我都是社会自我的复制品。一方面,自我无可选择地遗传了先人的自我;另一方面,每个自我的形成过程,都是以文化为媒介,不断学习、获得各种文化规范的过程。自我发展的理想和框架,都是他人形象和社会规范在自我之中的内化。理想是自我的楷模。这种楷模是个人在客观上未能实现,但在主观上追求的来自他人的自我模式。拿破仑说,不想当元帅的士兵不是好士兵。元帅的理想性不能来自自我本身,只能来自那些已经是元帅的他人。通过文化认同,自我终于找到了自己的根:我是谁?我不过是无数已经存在过的自我的不断综合,我就是我所能面对的整个世界。

自我意识通过文化自我认同的活动得到一种精神上的自我肯定,体现了人与文化在精神上的一致性。文化使人脱离自然,使人成为自我,使个人和社会成为一个整体。因此,文化是人之为人的标志。任何民族生存发展的基本前提之一就是这个民族拥有的文化。没有金字塔就没有古埃及人，没有长城和大运河也就没有中华民族。当然，把金字塔和长城推倒，尼罗河和黄河两岸仍然会有人类生殖繁衍，但他们将完全是另一副样子。正因为如此，长期以来，人们才讴歌文化，为自己创造的文化自豪。

五、文化与自我批判

自我意识与文化关系的另一面，是自我意识与文化之间的互相批判。自我意识，一方面在文化中认同自我，另一方面也在文化中发现自我的弱点。文化本身就是对自我的批判。自我缺乏规定，文化来充当自我的补充规定。有了儿子，你就是父亲；有了作品，你就是作家、诗人；有了产品，你就是工人。一个人，什么文化也不创造，就什么都不是。设想一个陌生人站在你面前，他什么也不干，与任何人不来往，你能叫他什么？充其量是"那个人"。

文化对自我的批判，集中体现在文化弥补了人先天不足的作用方面。文化越发达，越反射出自我的先天不足。工具是手的延长，轮子是脚的延长，电话是耳朵的延长。然而，没有轮子，脚会被誉为行走如飞；没有显微镜，眼会被誉为明察秋毫。文化的创造，不仅满足了人们的当下需要，而且拓宽了人的世界，从而导致更新更高的自我需要。一次活动的完成，是另一种新需要产生的开始，它可以促使自我弥补新的不足。自我的一再延长，便有了人的发展。

文化对自我的批判产生了人追求自我完善的意向。面对文化，人既意识到自我不完善的现实性，又意识到能够完善的可能性。不行万里路不知世界之大，行万里路预示着行十万里路。文化的每一步发展，都修饰了人的存在，把人的不足掩盖起来。站在铁笼外观看关在其中的老虎是极惬意的享受。是铁笼使人忘却了应有的恐怖。如果没有铁笼，人也许只配给老虎充当点心。于是，一系列激动人心的问题兀立在人面前：人能否在所有方面都充分扩展？人能否修饰掉一切缺点？人能否达到随心所欲无所不能的状态？

通过文化批判，一个至善的理想自我诞生了。自我意识以文化为中介，否定了人的自然性，肯定了人性。因为自然赋予人的能力不仅是有限的，而且是有缺陷的。因为大自然没有把人塑造好，所以人只好自己为自己造模型。这个模型就是神性。神性是文化对自然性批判的产物，是人的自我理想。既然人可以改变自然，实现自己提出的目标，那么人就可以愈加完满，达到一个真善美统一的神圣境界。

所以，一切文化都是刻在自然之物上的人类之梦。飞机火箭上刻着孙悟空式的腾云驾雾，汽车摩托上刻着神行太保，机枪大炮上刻着掌手雷翻天印之类的法术宝器。认同文化如重温旧梦，唤起人对自身的不满和追求。科学、伦理和艺术，乃至整个精神活动，都是人以文化的形式进行的自我批判。追求科学意味着自我不真，追求伦理意味着自我不善，追求艺术意味着自我不美。因此，自我意识在本质上既是自我肯定的，又是自我否定的。文化导致了自身自然性和神性的冲突。人性是自我的一般状态，自然性是自我的根源和出发点，神性是自我的目标和归宿。自我批判就是如何改变自我的自然性，使之投向神性的归宿；或放弃神性的归宿，向自然性复归。面对这两种冲突，无论人做怎样的选择，都是对自我现存状态的否定。神性不是别的，正是文化积淀而成的一种超越个体、超越现存状态的能力。自我意识以文化为中介，所得到的只能是对自我的不满。

自我否定不是单向的，而是双向的。一方面，文化引起了自我意识的矛盾；另一方面，自我意识也与文化相矛盾。自由自主是自我的本性。自我可以更改自身的规定。文化虽然是人自我规定的产物，但文化一经产生，就和自我的自由自主的本性相冲突。文化是凝固的、已被规定的对象自我，因而是惰性的，与自我积极活泼地追求理想、完善的倾向不相适应。自我发展的手段是改变自身的规定，因而一切文化都是自我改造的对象，是自我批判的对象。独木舟和渔叉使一个波利尼西亚人成为勇敢、灵巧的渔夫，但是，只要他永远不放弃渔叉、走出独木舟，他就永远是一个波利尼西亚渔夫；他要成为工人、学者，就必须批判使他成为渔夫的文化。

自我否定，同时也是自我对文化的否定。这种否定首先是文化替代活动。对于每一个人来说，习得的文化都是他人的对象自我。美国当代言行自由论思想家林格惟妙惟肖地描绘了自我在文化面前的窘境：

"从你早上一觉醒来，政府就开始影响你一天的生活。唤醒你的报时收音机，就受到许多制造与销售条例的制约。这部闹钟机器发出的音乐，是由电台播送的，而这个电台，只有领到政府颁发的执照，才能从事广播。它的广播，得按照政府认可的'良好节目'进行，要不就有被吊销执照的危险。

起床以后，你漱洗用的水是受政府控制的；你使用的牙膏，当然得经政府批准；你擦手用的毛巾，也是符合政府规定的种种标准的。你的头梳、衣服和为了准备开始一天的生活而必须使用的其他东西，几乎件件如此。

你吃的早点，'不言而喻'，受粮食和药物管理局的管理和控制。如果早餐后你抽支烟，那么，一方面，你得（通过缴纳卷烟税）向政府付款才能取得抽烟的特许权；另一方面，不管你是否乐意，你又得被提醒：'抽烟有损您的健康。'

尔后，你一天的生活，大体上这样：你在属于政府的街道和公路上驾车行驶，你通过政府垄断的邮政企业同他人书信往返，你读的新闻报道也是政府发布的有关经济形势的情况和数字，而最后，当你晚上回家，过你个人私生活的时候，你还得考虑政府（以法律为后盾）制定的有关娱乐的种种道德标准。"①

当然,林格对政府控制的态度失之偏颇,但一个人经常面对缺乏个人对象自我的文化却是普遍的事实。作为个人,必须通过文化使自己黏合到社会之中。但是,接受一种没有个人对象自我的文化,不仅不能使自己黏合到社会之中,反而会使个人自我丧失。在认同中,人们是在"认他"而不是在"认我"。这样一来,一个人的自我规定就是外在的,而不是自由自主的。一个被迫劳动的奴隶、一个不得不以受剥削为代价生存的工人、一个不能按自己的独立意志思考而不得不接受宗教迷信专横的学者,从文化中所得到的不是自我的肯定,而是自我的丧失。

每一代人必须以前一代人遗留下来的文化作为形成独立自我的前提。马克思说:"人们不能自由选择自己的生产力——这是他们的全部历史的基础,因为任何生产力都是一种既得的力量、以往的活动的产物,所以生产力是人们的实践能力的结果,但是这种能力本身决定于人们所处的条件,决定于先前已经获得的生产力,决定于在他们以前已经存在、不是由他们创立而是由前一代人创立的社会形式。单是由于后来的每一代人所得到的生产力都是前一代人已经取得而被他们当作原料来为新生产服务这一事实,就形成人们的历史中的联系,就形成人类的历史。"②

恰恰由于前代文化不是后代创立的,所以,后代就需要把文化改造成包容后代自我的文化。如果后代只是消极地、原封不动地接受前代既定的文化,后代就没有独立自主的自我。因此,对前代文化的批判继承,就成为每一代人确立自我的基本形式。

自我对文化的否定是每一代人消除前一代人的文化对后代的否定的过程。文化是自我的对象化,因而都是为行为主体的。即使名义上是为他的,实质上也是用自我的模式塑造他的行为。很少有不为儿女打算的父母,但如果儿女完全接受父母的模式,他们就只是父母自我的重复性延

---

① 林格:《重建美国人的梦想》,15~16页,上海,上海译文出版社,1983。
② 《马克思恩格斯选集》,第4卷,321页,北京,人民出版社,1972。

续。这实质上是否定了儿女自我的独立性。越是能突破父母模式的儿女，越是具有创造性，对文化越是有所贡献；否则，就会导致文化的停滞。美国现代人类学家马格丽特·米德通过对南太平洋土著居民的考察，揭示了文化停滞的原因——子代对父代文化的复制。"整个社会系统就是这样存在的：人们从降生之日就耳闻目睹的老规矩必须照遵不误，因此，人们也必须把它作为现实而加以体验，社会系统的存在端赖于此。'我是谁？作为我的文化的一名成员，我生活的本质是什么？我怎样言？怎样行？怎样吃和睡？怎样做爱？怎样谋生？怎样做父母？怎样去死？'所有这些问题的答案都是现成的。"[1]所以，自我对文化的基本选择，或是简单复制，或是创造性地批判。而创造性地批判是自我的特性。文化发展就是通过后代批判前代文化实现的。每一种文化作为既定事实，都是有待批判的既定规定。文化批判就是一种文化取代另一种文化的过程。批判的手段别无选择，只有创造新文化。批判文化的原因在于文化不是自我的对象化，而是他人自我对个人造成的强制性。突破文化的强制性在于使文化中融合着自我。这样，自我否定就表现为一种文化替代活动。

  文化替代反映到自我意识中，则是一种理想和现实的矛盾。文化作为现实是既定性的，而自我本身则是理想性的。自我的未规定性本性促使自我从未规定性向规定性过渡。相对于未规定性，规定性本身就是一种理想性，而理想的本性又是超越现实、否定现存事物的。因此，自我意识作为一种人的自我理想，它和文化的关系就是肯定和否定的辩证关系。

---

[1] 马格丽特·米德：《代沟》，24页，北京，光明日报出版社，1988。

六、文化的二重性

　　文化批判自我的作用，从表面上看是一种否定，实质上却是对自我的肯定。文化补偿是文化对人的批判，而文化替代是人对文化的批判。但是，补偿和替代都不过是自我对自身的未规定性和时空局限性的超越，是自我发展的一种表现形式。由于缺点才扩张，由于陈旧才创新，由于无我才创造自我。无论是自我批判文化，还是文化批判自我，二者在本质上都不是对立的，而是互补的、共生的关系。在这种关系中，否定只是形式，肯定才是实质。

　　引起人类自我意识冲突的根源，在于自我与文化之间实质性的否定关系。所谓实质性的否定关系，不是指文化和自我互为对象，各以否定对方的形式达到发展中的统一，而是指文化本身对人的存在和发展的否定性作用。在这里，文化不是作为人化自然、对象自我、自我实现的工具、自我发展的批判性条件存在的，而是作为使自我成为非我、使人丧失独立自主性、破坏和毁灭人类生活的异己力量而存在的。

　　对于人类来说，文化是人创造的外在的强制力量。文化本来是内在自我运动的产物。但是很不幸，由于人的自我具有主观性，文化不得不采取客观的形式，以实现自我与文化之间的互补效应。这样，无论文化和自我有着怎样千丝万缕的联系，它都外在于自我，脱离自我而独立存在。物质文化如此，精神文化也是如此。语言、科学、宗教、艺术都有主观性，但都具有超个体性，不因个别自我的存亡而存亡。作为凝固的自我，文化和自我的运动是不同步的。自我消失了，自我创造的文化依旧可以存在，就像世界七大奇迹和长城一样。当自我不断流变时，文化却以稳定的模式，按自己特有的方式运动。这样，无论自我能力如何，自我本身的结构就决定了文化的相对独立性。如果谁寄希望于发明更强大的自我力量去消除文化的相对独立性，那么谁就会受到文化本身的嘲弄。那个更强大的自我力量不能凭空产生，它本身就需要一个更为强大的文化支撑。

如果文化仅仅是相对独立的,问题还不至于十分严重。问题的严重性在于文化模式、文化结构对人具有客观强制性,并不是人随心所欲能够控制的力量。当然,作为社会规律的一个方面,文化的强制性具有积极意义,即能够为人导引正确的自我发展方向,是一种文化规范。然而,文化规范对于人来说,既是自我的完成,又是自我的束缚。文化规范造成一个既定的自我。自我本来是未被规定的各种潜能,是丰富的、多样的。从潜能到自我意识的过程,就是潜能被文化规范为自我的过程。

文化规范导致了两个后果。其一,文化怎样规范,潜能就怎样表达。文化之所以规范潜能,根源于潜能的两个特点:一是潜能的混沌性。潜能来自遗传。在未投入活动之前,潜能是盲目的力量和冲动,是非理性的、缺乏逻辑的。二是它的非社会性。潜能的主体都是个体,只能依照个体原则寻求直接的满足,因而需要适应人类社会的间接交往性质。所以,文化规范潜能是必要的。其二,一经文化规范,潜能的丰富多样势必受到限制。符号系统凝固了自我,就使活体的自我和符号系统表述的自我有了区别。凝固状态说明不了流动状态。流动状态一旦被凝固,就再也不流动了。所以,文化至多是人近似的自我模仿。那些非凝固、非逻辑、非理性的潜能和自我状态,是文化规范所无法表达或无法完全表达的。"言不尽意""妙不可言""只可意会,不可言传",就是这个道理。自我是一个创造过程,是广义的艺术活动。自我意识最大的困境莫过于表白自我。人无论怎样努力,总还是觉得每次表现都意犹未尽,但又感到力不从心。所以,在文化规范下,人只能说文化所能说出的、做文化所能做出的。大量不为文化表达的人的因素,统统被文化否定掉了现实的可能性。为此而不断更换文化模式,结果还是一样。每种文化形式都是凝固的,人都要为凝固付出代价。

更大的代价是,一切文化规范,如习俗、道德、法律、理性,都是对自我的约束和限制。在承认没有规范就没有自我,也就没有社会的同时,也要看到文化规范又是一种剥夺和压抑。由于符号的使用,人可以理论试错，许多行为预先就遭到禁止。这种禁令有合理的，也有不合理的。无论禁令是否合理，都是对人的其他一些因素的现实可能性的一种封闭。文化禁令对自我的压抑，在儿童身上就已表现出来。越是家长禁止做的，儿童尝试的欲望就越强烈。这是自我本身对文化的反抗。按照文化规范，每一个人都被赋予各种角色，人们像演员一样不得不在人生舞台上对观众表演。只能在无人窥见的独居状态、在日记和艺术创作中才能尽情宣泄。由此看来，合理不尽情，尽情又不合理，这才是文化和自我的深层冲突。

正是由于文化禁令的压抑，自我意识中才充斥着文明和野蛮、循规蹈矩和犯罪意识、克制和宣泄的冲突。结果，禁令本身成为犯禁的诱惑。原始社会文化禁令较少，古代社会具有的犯罪行为也较少。其中一个重要原因，是自我较少受文化禁令的约束，可以自然宣泄。虽然无禁令不成自我，但有禁令，同时就伴随着压抑和变形。文化禁令越强，自我意识中的焦虑和困惑就越强，人的生存和发展的矛盾便越深深内化。焦虑植根于人的文化存在本身，"非存在"的威胁不是来自外部，而来自文化本身。

自我意识的焦虑进一步表现为自我和文化之间的意义困惑。相对于人和自然的关系，文化是人为插入的楔子。文化即分化。文化作为工具，导致人和自然的分化；文化作为符号，导致精神和物质的分化；文化作为规范，导致个人和社会的分化。一系列的分化在人和自然之间添加了许多中介力量，使人和自然越来越遥远。文化分化的意义最初在于缓解人所面对的自然压力。手脚不灵，于是添加石块木棒，从而吃到大自然预备的宴席。但是，这样做的结果不过是引起了一系列新的矛盾。为了那些石块木棒，人不得不主动引发与自然之间的冲突，于是循环往复：越去调解人和自然的关系，人和自然相去就越远。似乎是为了解决冲突，结果却制造了更多、更深刻的冲突。这种现象反映到自我意识中，则是意义重复。尽管在现实中人随着文化的进步而不断进步，但是，在意义上却不能摆脱文化的否定性。文化对人的价值与人对文化的期望这二者始终不能同一。文化本身并不具有消除冲突的功能，恰恰相反，文化是制造冲突的根源。人是一步一步被文化诱上了一条流浪者之路的。人以文化为精神家园,但文化给予人的并不是一个和谐的归宿,而是灵魂的骚动。

　　人以文化为自我实现的对象,可是,意义重复却对自我实现提出了挑战。文化越发展,人与对象自我的对话越插入更多的中介。原始人了解自我是简单的同一,种田的就是农夫,打猎的就是猎手,但是,在文化充分发展的情况下,"我是谁"的问题复杂得一言难尽。现代人身份多重,角色多样。一会儿是上级,一会儿是下属;一会儿是主人,一会儿是客人;一会儿是演员,一会儿是观众。在课堂上,师生有别,可面对大众传媒,大家同时接受同样的信息时,就很难说谁师谁生。文化赋予人的往往不是自我的踏实,而是自我迷失和荒谬感觉。

　　荒谬是意义混乱的直接后果。荒谬是无意义的追求,是价值的重复。文化本来是一种规范性的创造活动,一旦创造变成同一主题的不断重复,就失去了创造的意义,就变成了一种荒谬的行动。法国现代存在主义哲学家加缪把价值重复的荒谬称为"西绪弗斯的神话"。西绪弗斯是古希腊神话中的一位国王,因戏弄诸神,死后堕入地狱,被罚推石上山。第一次推石上山,石头在接近山顶时滚落下来,于是重新再推。如此循环不息。如果西绪弗斯没有自我意识,终生碌碌,不知所归,他并不会因此痛苦。然而,恰恰相反,西绪弗斯是清醒的。他意识到他周而复始的劳作是荒谬的,他的命运是无效的轮回,因此,他的人生具有悲剧的意义。

　　荒谬也意味着不可理解。文化的特点是它的可理解性。文化是人创造的,无异于自我观照。但是,文化越复杂,意义也越复杂。同一文化,不同的主体,不同的视角,会得出完全不同乃至相反的意义领悟。许多文化主题几乎成为文学、哲学研究永恒的主题。比如,世界的形而上学问题,人性问题,情欲和理智,永恒和暂时,灵与肉,爱与恨,生与死等一系列问题。这不仅仅是一个认识问题。文化作为对象自我,并不以主体自我为转移。即使是创造者本人也无法洞悉他所创造的文化的全部意义,正如曹雪芹先生写作《红楼梦》。虽然他对当时的社会有一定的认识,写作目的也十分明确，但是他无论如何不会料到作品竟有那么博大的意义。恰如鲁迅所言，有人看了说是谈情说爱，有云封建王朝没落，有云作者自传，有云一部谜书，有云反清复明。

意义复杂有助于文化的深化和自我发展。但是，文化常常出乎自我的意料。谷登堡的发明本来被教会用来印刷《圣经》以传教，没料到却引出了新教——在上帝面前人人平等，此后又引出了"印在纸上的神话经不起反复推敲"的无神论；十字军东征本来是为了扩大基督教势力和掠夺财富，没料到却从中东带回来了反叛的火种——文艺复兴……。这种种意料之外，都是文化与自我的对抗，自我迷失掉了创造文化的意义。所谓不可理解不是指不可知，而是指所理解的和所期望的、理想和现实之间存在着扭曲。

荒谬还意味着自我毁灭。人创造文化是为了自由地生存，但是，文化一方面赋予人自由，一方面又带给人远比自然灾难严重得多的文化灾难。自由不仅意味着自我肯定，也意味着自我否定。自由就是没有先天庇护，必须自我庇护。文化即人的自我庇护手段。但这种手段不但没有消除人和自然的冲突，反而扩大和深化了这种冲突。自我愈创造，冲突愈深化。原始人不过和地震火山、疾病猛兽冲突，现代人则与原子能冲突。一只猛兽可以吃几个人，一场瘟疫可以毁灭几个村庄，一次地震可以抹掉几个城市，但是，一场热核战争可以抹掉大半个乃至整个地球。

所以，我们不能不得出结论，文化是二重的。即既是肯定，又是否定；既是规范，又是束缚；既是意义，又是荒谬；既是创造，又是毁灭。对于文化肯定的一面，人们已经有了较充分的认识；对于文化否定的一面，人们则缺乏应有的认识。乐观主义和悲观主义冲突的意义，就在于唤醒一种主体的自我反省。无论悲观主义，还是乐观主义，都应当以对文化全面、充分的认识为前提，充分了解文化中不为人们所关注的否定的一面，这样才能找到通向人类未来的正确道路。

第五章 人类自我意识的两歧

一、自我意识矛盾的两歧

现代人类自我意识矛盾的焦点，集中在如何对待文化否定性这一主题上。文化否定性的自我意识，可以看成是对人类自我中心论和历史至善论的挑战。文化否定性问题本身并不是新问题。从中国古代老庄哲学的"绝圣去智"，到卢梭的文化退化论，文化的二重性早已为人们意识到。但是，对现代人来说，问题虽然是老问题，但性质和位置却发生了重大转变。

按照历史至善论的理解，文化的否定性仅仅是文化的现象，而不是文化的实质。文化之所以有否定性，根源不在于文化，而在于人的能力。文化的否定性是人的能力低下造成的。工业发展带来环境污染，只是由于人防治污染的能力没有发挥出来。这说穿了，无非是相信知识就是力量，人是万能的上帝。这种观点认为，文化的否定性是暂时的，文化的肯定性才是永恒的。随着人的能力的提高，以往许多呈现否定性的文化现象，比如，封建专制、环境污染，都能逐步得到解决或缓解。既然否定性是可克服的，那么只有肯定性才是不可克服的，是具有终极意义的。这样一来，人类的前途必然是一种预定的至善。这种至善从猴子迈出的第一步起已经注定了。站起来的猴子是注定的世界主人，最后的归宿必然是所有的能力全部施展出来，施展的结果就是存在的完满。

然而，当代文化显示出来的否定性，恰恰是向历史至善论发出的挑战。从历史比较的角度看，文化否定性并不像历史至善论希望的那样，随着人的能力的提高而逐渐减弱，恰恰相反，是随着人的能力的提高而日益突出。在农业文明时代，人所面临的主要挑战并不是文化的否定性，而是自然的否定性。当然，靠天吃饭也是农业文化水平低下的反映。但是，这本身是一种文化肯定形式，体现了人对自然条件的利用和改造。这不是农业文化的否定性，而是农业文化的局限性。局限性并不是否定性，它是一种文化只具有有限的肯定范围的表现。只有在现代工业充分发展的条件下，文化的否定性才成为人所面临的主要挑战。这说明文化的否定性和人的能力发展具有伴生性。文化的否定性并不是由于人的能力低下引起的，而是人的能力本身的一种性质。

这种矛盾，便是人类实践的两歧性矛盾。两歧性矛盾是指由同一原因引起的、性质相反的两种发展倾向的冲突。由于原因相同，在两歧性矛盾中，两种对立倾向是共生的、不可根除的，一方的扩张同样引起另一方的扩张。这是一种左右为难的处境，所以才称之为两歧性。

关于两歧性矛盾，在康德那里已经有所揭示。康德的一个著名论断是"二律背反"。"二律背反"并不是说，在矛盾的对立双方之间，正反两种主张，有一方必然胜过另一方，而是说二者都持有相同的理由，但又彼此对立。"背反不是讨论某一个反面的主张，而仅是讨论理性学说的相互冲突以及冲突的原因。"[①]

康德意识到，二律背反和人的认识活动相关。当以有限的认识追求无限的超验的形而上学本体时，就会出现二律背反。例如，如果一切事物都有其原因，最后的原因就只能是自为原因，即是自由的，否则，所有的原因都不足以成为事物的根据。所以，必然和自由都能成立。康德认为，这

---

① 康德：《纯粹理性批判》，327页，北京，商务印书馆，1960。

种二律背反实际上是以人的一重的认识去认识二重的世界造成的。在现象界，因果律完全可以成立，而在本体界，自由律完全可以成立。问题恰恰出在认识上。人的认识只能达到现象界，所以会出现二律背反，无法使对立的正题和反题统一起来。

康德二律背反学说的理论意义已为哲学史家公认。然而，人们在肯定二律背反揭露了矛盾问题的同时，往往批评康德不懂辩证法，把辩证法归结为不合逻辑的"背反"，而不是从中引导出辩证的统一。其实，"背反"就是两歧。对于客观事物来说，的确不存在两歧问题，因为客观事物是一个统一的整体，对立的双方在一定条件下可以相互转化，甚至可以说，客观事物内部和不同的客观事物之间，并不存在真正的对立，只存在一种互补的对立。阴和阳、同化和异化、作用和反作用，不过是对缺失的补偿及对外界的反映。对于水来说，是蒸发还是结冰，那是无所谓的，无论怎样对立、统一，自身无非是许许多多的分子结构。所以，一切对立面都可以相互转化。对立统一运动的结果是由一种物质形态转向另一种物质形态。

但是，人们往往忽略了康德指称的对象是理性的自身的矛盾。这一点常常是康德惹人攻击之处。人们说他只把二律背反归结为认识矛盾，没当作客观事物的矛盾。这的确是康德的错误。不过，康德实际上已经触及属人的矛盾与单纯客观矛盾的区别。既然人和自然、主观和客观之间有本质区别，那么，二者各自的辩证的矛盾也会有本质区别。认识矛盾和存在矛盾既有反映与被反映的同一关系，又有认识矛盾得以和存在矛盾区别的对立关系。

康德的真正错误不在于他没有把二律背反归结为存在的矛盾，而在于他没有把二律背反归结为实践的矛盾。实践的矛盾表面上是人与自然之间的矛盾，实质上是人与自身的活动对象之间的自我矛盾。实践是主体对象化和消除对象化的过程。人为了成为主体，首先必须建立能够与主体相适应的对象。这种对象大自然未赐予人，人只好自己创造。创造的方法无非是把自己变成对象。因此，实践本身就是一个制造矛盾的过程。没有人在实践中的分裂，人就没有自我，也就不是主体。自我得以存在的前提就是对象的存在，有我必有他，无他亦无我。无论我如何变化，总要通过自我分裂设立一个他来支撑我。

实践的矛盾是自找矛盾，自相矛盾。这是人和自然在矛盾问题上的本质区别。所谓自找矛盾，是说只要人追求自我、自由、自主，就要承受由此产生的不同于自然矛盾的实践矛盾；所谓自相矛盾，是说自我、自由、自主，这些追求本身就是矛盾的。自我必然追求对象，又必须超越对象；自由追求摆脱束缚，又导致自我约束；自主追求独立，又必然寻找依托。这些矛盾不是暂时的、表面的，而是永恒的、本质的。只要人在实践，就在不断地制造并解决自我和对象、自由和束缚、自主和依托种种自我矛盾。

自我矛盾的解决和自然矛盾的解决不同。自然矛盾的解决是对立面相互转化，事物改变存在形态；自我矛盾的解决虽然也是对立面相互转化，但并不改变人的基本形态，自我可以转化为对象，对象也可以复归于自我，但这种转化并不是自我和对象的合并。人与对象之间的统一仅仅是一种关系意义上的统一，不是实在意义上的统一。机器是人的对象化，是人体的延长，但无论人怎样拥有对机器的主权，最终还是机器归机器，人归人。水兵们唱道"爱护军舰像爱护自己的眼睛一样"，《红楼梦》里的石呆子把一把古扇看得如同自己的性命一样宝贵，这都是人的一厢情愿。无论人怎样玩对象于股掌之中，对象终究在人之外。即使是海誓山盟、生死同心的恋人，也无法消除彼此间的对象性。

自我与对象之间的关系统一并没有消除对象性，也就不可能根除自我和对象之间的对抗。自我和对象矛盾的不可超越性根植于主观和客观的矛盾。主客观之间可以相互转化，但是，这种转化不是形态的转化，而只是关系的转化。在自然界，万变不离其宗就是客观性的不同表现形式，而主观和客观的关系却是对抗性的。变成主观的客观就不再是客观，变成客观的主观也不再是主观。转化的结果反过来继续与主观或客观对抗。主观变成客观,客观变成主观,既不能消除主观,又不能消除客观。变成主观的客观并不改变自身的客观性,只不过在主观中添加了关于客观的观念;变成客观的主观与对象的统一也绝不像机械的、物理的、化学的和生物的统一那样,是合并、同化、化合、吃掉的关系,而是不断改变的关系。

当然,关系的改变使自我和对象各自的形态不断变化。这种变化在表面上看是自我的扩张和对象的缩小乃至消除。而实际上,一些人类赖以生存和发展的基本对象不仅没有随自我扩张而缩小、消失,反而随之同样发展、扩大。珍妮纺织机使手摇纱车被送进博物馆。作为工具,珍妮纺织机毫无疑问是手摇纱车的发展。个别物种可以因人的活动而消失,但动植物的消失和人类自我毁灭是同义语。原始人与现代人大脑的发达程度不能同日而语,但是,宇宙飞行员也要为在太空中的吃喝便溺伤脑筋;现代人可以衣食无忧,但同样会和所罗门王一样为失恋而失眠。

自我的基本对象不但不会消失,反而会随自我一同扩张。每一代人都面对前人留下的疑问。古人不知道太阳和地球谁围绕着谁转,因而是无知的;现代人不仅知道地球围绕着太阳转,还知道银河、星云。比起古人,现代人知之甚多。但是,现代人最大的麻烦之一就是"知识爆炸"。据有关专家估计,目前全世界的知识量是每3年增加1倍,每天有1万篇论文发表。这意味着每天都有成百上千个问题需要解决。随着认识的发展,人类面临的问题不是越来越少,而是越来越多。似乎人知道得越多,不知道的也越多。恰如笛卡尔所言:"愈学习,愈发现自己无知。"

这是因为,知识是一种对象性活动的成果。知之越多,需要拥有的对象就越多。无知是规定性。越无知,知与不知的界限越模糊;越有知,界限越分明。知之越少,知与不知的分界越短,问题越少;知之越多,分界越长,问题越多。所以,原始人内心世界往往古朴实在,而现代人则常常惶惶不可终日。自我发展的同时,绝不是对象的缩小,更不是对象的异己性、对抗性的减弱,而是一种相互呼应:主体能力有多强,对象的对抗力就有多强。人类进步大半得益于对象的不断挑战。如果对象日益萎缩,随之而来的便是主体能力的退化。

由于基本对象是不可根除的,从而决定对象与自我的两重性关系也是不可根除的。只要对象以异己的、独立的形式存在于人之外,无论在关系上与人统一的程度如何,都潜在着对人的否定性作用。屠格涅夫笔下的木木对主人效忠半生,因为一条小狗便丧失了对主人的信念。火早在燧人氏时代就已被人类驯服,但它一直伺机造反。迄今为止,火灾仍然是给人类造成重大生命财产损失的灾害之一。对象对自我的否定性不会随自我的不断肯定而缩小;相反,它将随主体能力的提高而不断增大。人越一无所有,人就越不怕死;人越富有,死对人的否定意义就越大。一个傻瓜犯错误,充其量影响一家一户;一个科学家成心跟社会捣蛋,就会遍地开花。

康德的二律背反学说放到认识领域,人们过多地看到它的缺陷。如果放到实践领域,人们就会了解到这种理论的启发性。"背反"是实践矛盾的特征。提出这种理论,绝不是不懂得对立统一和矛盾转化。马克思实践二重性的理论深刻地揭示了实践辩证法的本质,使得康德提出的问题有了正确的答案。人的辩证法的特点就在于它的两歧性。这种两歧性植根于人类实践的自我分裂。只要人是实践的,就有统一和分裂的两歧性存在。承认人类自我的两歧性矛盾,将引起对待文化否定性的人类自我意识的改变。解决文化否定性问题的关键,就在于系统、全面地认识人类自我的两歧性矛盾。

二、存在与非存在的两歧

人类自我意识的两歧性矛盾首先表现为存在与非存在的矛盾。全部自我意识的矛盾起源于自我和对象的冲突。自我和对象冲突的实质，是彼此的非存在化。自我降为对象，是自我的非存在化；对象升为自我，是对象的非存在化。对自我而言，存在即生存，非存在即死亡。生存可以保持自我与对象的界限，死亡则是自我向对象的原始复归。因此，对象施予自我的终极压力是死亡，自我保持自身的最基本方式是生存。生存和死亡构成了自我和对象之间最基本的矛盾。

自卑与自恋是自我意识对生存与死亡矛盾的反映。自卑是对死亡、非存在最终战胜生存、存在的绝望，自恋是对生存、存在战胜死亡、非存在的希望。对一般的生命现象来说，生不可选择，死不可抗拒，一切都是自然的；但是对自我来说，为了独立自主，必须选择生存方式，抗拒死亡压力，自己支配自己的命运。这样，就引起了生存意识和死亡意识的矛盾。

生存意识首先是对生存的追求。追求生存是一切生命普遍的本能，人也毫不例外。天赐的感觉器官和神经系统的基本功能就是用于体验生存和保持生存的。婴儿一出生，觅食的行为和诸如眨眼、呼吸、抓握等行为，都是先天性的生存追求。这些生存本能是一种盲目的冲动，寻求一种满足体验。人的感觉器官和神经系统能够体验生存状态。生存需要满足，则产生机体的快感；反之则产生机体的痛苦。生存本能所追求的就是机体快感的满足体验。

生存意识是对生存本能冲动的自我意识，是对满足体验自觉。通过满足需要，自我不断活动和改变。这样，对自我意识而言，满足就不仅仅是唯一的快乐了。快乐的追求产生于不满。自我随着需要的满足，在活动的终点已与活动的起点有所差别。起点是不满，而终点是满足。对自我意识而言，未来是一种未知的新奇刺激和满足的更新，活着不仅是维持生命，而且是历险和更新。因此，生存本能的满足体验就转化为生存意识的更新体验。更新体验是一种目标诱惑，引导人肯定生命、追求生命、热爱生命。

由于更新体验是一种目标诱惑，生存意识的深层便是对生存的反省。对生存的反省所要解决的是以下两个问题：

第一，人为什么要追求生命，也就是说，人的生命冲动背后的意义是什么。需要的满足和更新体验之间存在着矛盾冲突。追求满足的目的是逃避或者超越需要的匮乏，但是，更新则正是在破坏满足状态，制造新的匮乏。人越追求未来，就越不满足，越受痛苦的熬煎。要想摆脱这个怪圈，人就得放弃对未来的追求。这样，人就又陷入了生命的重复和静止。一次性满足等于一劳永逸地满足，这就给人提出了一个二难抉择：生存的意义是满足还是创新？生存的反省就是要在这二难中作出合理的判断和抉择。

第二，自我的独特意义是什么。生存意识是一种自我肯定。通过对生命的体验，人能够意识到个体是独立承受种种生命体验、需要和匮乏、快乐和痛苦、经历和遭遇的主体。个体生命活动的结果，直接对自我造成影响。由此便产生一系列问题：我是谁？我和其他人有何不同？我存在的独特意义何在？我所追求的究竟是什么？对我来说，什么是有意义，什么是无意义？什么是好，什么是不好？等等。对自我的反省会揭示出追求生命和寻求自我之间的矛盾冲突。自我的困惑的根源正是追求生命。人越追求生命，自我承受的、体验的就越多、越复杂，自我与环境之间就越有冲突；人越保存自我，与环境之间的界限就越明显，越需要克服自我与环境之间的差距。然而，放弃生的追求，自我却又消失了，生的反省又要调节生命和自我之间的矛盾。

生的反省和生命本身处于同一过程。也就是说，人是边行边思，并不是客观的看客。一个云游僧人问佛祖释迦牟尼："我是否存在？"佛祖不答。又问："我是否不存在？"佛祖仍不答。云游僧人走后，弟子阿难问佛祖为什么不回答，佛祖告诉他说，问"我是谁"，意味着寻找生活道路，而生活道路不可能一言以蔽之，因为道路还没走完。这是一个怪圈。人不是站在路旁问路，而是一边走，一边问路，发问时已经上路了。道路没走完，不可能有一个确切答案；道路走完了，有了最终答案也没有意义了。因此，生的反省不是一次性的，而是持续不断的过程。

唯一能够限定生存意识的是死亡意识。死亡意识与生存意识一样，也起源于人的本能。意识力图为生存设立目标，然而，自然过程生存有其先定的归宿——死亡。死亡是生命向原初状态的复归，是一切生命现象与环境矛盾的终极解决。从矛盾的角度看，一切自然存在的归宿都是存在过程矛盾的解决，因此，生命可以看成是存在对原初状态的偏离。它所追求的就是向原初状态的复归。动植物的新陈代谢和种族繁衍都是向原初状态的复归。活动消耗了能量，机体从外界摄取能量作为补充，恢复机体和外界的平衡，这一过程就是新陈代谢。种族繁衍是生命个体的转移，父代在子代身上重新开始生命过程。这种寻求失去了平衡的冲动，就是生命的死亡本能。

死亡意识是对死亡本能的自我意识。首先，死亡意识是对死亡的逃避和畏惧。死亡意味着生命的终止，是人的非存在的状态。它是对生的意义的否定，宣告了人的一切追求和创造的完结。生前的一切价值，都会因死亡而脱离个体，不再受个体控制，或者说，死剥夺了人曾拥有的一切。人历尽千辛万苦创造的一切，会在瞬间被死神摧毁。死抹杀了自我的独特意义。任何人难逃一死，任何人死后的状态都归于同一。古往今来，飞燕玉环皆黄土，帝王乞丐亦黄土。个人生前拥有的一切，都会被死亡剥夺得一干二净。其次，死亡意识也是对死亡的反省。表面上看，死是对人的否定，但正是通过死亡，人才确立了生存的意义。死亡意识唤醒人们意识到生的有限性，每一个人都只能在限定的时间内生存，死加重了生的紧迫感和现实感。时光流逝意味着生命旅程的缩短，因此人必须把握时机，及时争取实现生的意义。人生短促，不可能求无止境，只能选择有限的、具体的目标。这样，生就获得了能够确定的意义。死亡意识唤醒人们自觉到生存的矛盾。如果死是生的必然归宿，生的追求注定归于失败，那么，人的主体性何在？如果死对任何人都是等值的，那么，个人生前的努力又有何意义？因此，死亡意识是对人的主体意识的挑战。人作为主体，可以战胜环境，由自然决定转向自我决定。但是，人能否战胜自身，控制自己的生死，成为自我的真正主体呢？

正是这种来自死亡的压抑和焦虑，促使人渴望成为主体。死亡对于人来说是一种自然束缚。自己掌握自己的命运，以超越死亡为目标的死亡的自我意识是一个不断深化的过程。最初的死亡意识表现为一种宗教意识。原始人并不理解死亡的原因。法国现代人类学家列维·布留尔认为："对原始人的思维来说，要想象'自然死亡'，实际上是不可能的。"[1]他们把死亡看成是鬼神、巫术或犯禁的后果。死亡往往和惩罚联系在一起，是可怕的、灾难性的。逃避死亡的方式常常是以巫术反巫术，反对鬼神与禁忌的敬畏。这样，占卜、巫术和拜祭仪式便得到相应的发展。宗教便是这种强化了的仪式活动的产物。宗教实质上是一种仪式化了的意向性活动。意向性活动指向某个期待的目标。当人们把活动过程和目标看成是必然的、命定的联系时，便会产生强化了的仪式活动。比如，喝生水会肚子痛，只要喝生水就相信肚子一定会痛，要使肚子痛就大喝生水，喝生水便成为祈求肚子痛的仪式。对这种强化仪式的崇拜就是宗教。

几乎所有的宗教都是一种死亡意识。基督教和伊斯兰教的终极境界是末日审判：有罪的永死，无罪的永生。佛教的终极境界是涅槃，一种无痛苦的死亡。印度教的最高境界是灵魂的轮回。道教的最高境界是羽化登仙。所有宗教追求的都是对死亡的超越。宗教的成功之处在于能够使人从生存和死亡的矛盾中得到精神解脱。

中国的传统宗教——道教一开始就走了歧路。道教超越死亡的方式是追求肉体的永生不死。为达到这一目的，古人们费尽心机，异想天开：炼丹，服药，甚至想到了房中之术。中国人几乎一开始就在寻找不死之药。

---

[1] 列维·布留尔：《原始思维》，269页，北京，商务印书馆，1981。

传说羿从西王母那里得到不死之药，但是被他的妻子嫦娥偷吃了，嫦娥飞到月亮上去，人间再也没有找到西王母的不死之药；秦始皇听信江湖术士的谎言，让徐福拐跑了五百童男和五百童女；李世民相信自己是老子之后，吃药吃得英年早逝；最荒唐的要数明朝的嘉靖皇帝，居然相信饮服女人经血可以长生不老。总之，无论是炼丹还是修行，活着羽化登仙的很难见到一个。于是，道教的可信度大大降低了。尽管它土生土长，仍不能取代儒教，成为意识形态的中枢。不过，道教的死亡意识却从反面证实了现实生活中死的不可超越性——没有不死之药。

成功的宗教采取的是追求灵魂不死的超越方式。基督教并不回避死亡，甚至禁止自杀，并规定不准自杀的人在教堂墓地下葬。因为他们认为，死恰恰是上帝的审判方式，可以使有罪的灵魂得到拯救。佛教的最高境界"涅槃"，就是灵魂超脱肉体的状态。印度教以及其他一些原始宗教都把死亡看成另一种生存状态。只要有上帝存在，人就可以漠视死亡。因为死是假死，死去的人在另一个世界继续生存。这个世界可能是天堂，也可能是地狱。因此，在宗教狂热之中，人能够视死如归。每当印度教举行祭祀典礼，都有大批狂热的信徒投身供奉创造和毁灭之神湿毗奴的车轮之下，宁愿被碾碎。印第安人把死看成旅途中的转折，就像漂泊四方的水手返回陆地一样坦然。

然而，一旦上帝死了，宗教的仪式崇拜幻想就消失了，死又变得不可超越。没有上帝，死不再是假死而是真死。没有来世，没有审判者，甚至没有观众。死就是死，不再是永生、转世、超脱。这种死能否超越呢？死是生的权利的取消。肉体永生、灵魂不死都无法保留生的权利。在现实世界中，唯一能够脱离人的肉体而独立存在的人的生存状态，是人所创造的价值。价值是人的活动的对象化或物化，是人自己创造的，是人的活动在外界留下的印迹。因此，价值是唯一可以脱离肉体而独立存在的人的一部分。个体的肉体可以消失，但个体的活动却可以转化为文字、文物、产品存留人世，作为其创造者的物化形式继续存在。长城和金字塔是它们的建造者存在的标志，《哈姆雷特》和《红楼梦》是莎士比亚和曹雪芹存在的象征。人的产品、价值存留多久，人就可以存留多久。因此，在现代，创造价值成为超越死亡的主要方式。

以上种种方式，都是用否定死亡的方式超越死亡。这种方式赋予死以消极的意义。价值不死也不过是对肉体必死的一种无可奈何的替代。它所超越的并不是死亡，而是生的流动。马克思说："处于流动状态的人类劳动力或人类劳动形成价值，但本身不是价值。它在凝固的状态中，在物化的形式上才成为价值。"① 这种凝固了的人的活动，只代表某时某刻的人的存在，是一种过去了的存在，对它们的创造者来说，是一种死的存在。因此，用追求不死的方式超越死亡，终归于失败。

另一种超越死亡的方式是肯定死亡，赋予死亡以积极的、人的自我肯定的意义，把死亡作为主体意识的一种表现。死是人生一切矛盾的终极解决方式。人之为主体不是天生的，是人通过与环境的冲突争得的。当人面临不耗尽全力便不可能成为主体，或唯有结束生命才可保全主体地位这两种境况时，死就成了主体意识的唯一体现方式。这是一种二难境况。环境是强大的异己力量，为了战胜它对人的束缚和压抑，有时需要人付出生命的代价。创造本身意味着破坏和毁灭。作为主体，人是一切后果的承受者。特别是当人以自身为创造的试验者时，必须承担牺牲的风险。例如：创造一种新的社会制度，有时必须承受旧制度的惩罚；发明和探险会导致灭顶之灾；为捍卫自由和尊严也要抛头洒血。对个人来说，自我牺牲是与异己力量同归于尽，用死来证明自己是主体。

自我牺牲是用否定生存的方式体现主体性。由于人意识到死是生的必然归宿，生存时间的延长与缩短，都不会改变人生的终极结局，所以，人何妨不自己选择一种死亡方式呢？苟延残喘死，坐以待毙死，同归于尽亦死，何不来一个自由而且壮烈的死呢？死不可以逃避，但是，死亡的方式却可以选择。爱比克泰德说得好："我必须死，那么我也必

---

① 《马克思恩格斯全集》，第23卷，65页，北京，人民出版社，1972。

须呻吟着死亡！"自主地选择死亡方式，这也是一种主体性，也不失为对死的超越。司马迁在《报任安书》中说："人固有一死，或重于泰山，或轻于鸿毛。"死是实现人生意义的一种重要方式。只会生，不会死，亦不是真正的主体。正视死亡，以死亡为人生的终极审判，才实现了对死亡的主体性。

自杀是与自我牺牲具有同样性质的对死亡的主体性抉择。自杀是主体对生命的自行处置，表明人已经超越了原始的生存本能。当然，被迫无奈的自杀是对异己力量的屈服，是主体活动的失败。但是，自杀本身是一种主体决断，因为任何被迫自杀者也还有其他选择：承受继续生存的折磨，等待异己力量结束自己的生命。尽管是被迫的，自杀的决断仍然是内心选择的结果。

自杀可以是对生的逃避，也可以是对生的超越和自我完善。逃避性的自杀是对人的本质的否定，自认为本身不能继续作为主体活下去的人，决定放弃自身的主体性；而自我完善的自杀则是完善自身主体性的手段，是人决心超越自然了断的自我了断。"安乐死"是对苟延残喘的超越，美国现代作家海明威的自杀是硬汉形象的自我完成。对一个一生充当硬汉，塑造了无数硬汉形象的文学家来说，不再能像硬汉一样生活，是对自我形象的否定。死就成为完善硬汉形象的主体决断。狼牙山五壮士跳崖殉国是"不自由，毋宁死"的英雄行为。跳崖完善了革命军人战斗到底的主体形象。

这种以死亡超越死亡的方式虽然体现了人的主体性，但并没有摆脱生与死的两歧性矛盾，反而使这种两歧性更加突出。死实现的主体性只是瞬间的。主体完成同时意味着主体毁灭，这表明人无论有多强的主体性，所能控制的也不是死，只能是生。作为自然过程，生和死之间等于一条直线。作为主体过程，不过是在生死两点之间，把直线变成许多曲线，主体性越强，曲线就越多起伏。对人来说，迄今为止，死都是不可超越的，无论人的主体性达到什么程度。个体是如此，人类整体也是如此。到目前为止，无论科学多么发达，人类超宇宙永生，仅仅是宗教式的梦幻和神学家的启示。

生与死的两歧性表明，人的主体性并不仅仅在于生的创造，更主要的是对生的控制，使人的生命过程合理性地发展。由于生死矛盾的两歧性，人才有不断保持主体性的动力。死的不可超越性决定了人始终处于死的压抑和挑战之中，同时也考验着人控制生的能力。如果没有死的压抑和挑战，生成为自然和永恒的进程，那么，人就没有必要对生进行自我调节和控制。迎接死的挑战的目的不是超越死，而是由于生之有限和死之艰难，所以才想方设法使生存由死亡的支配转换为人的自主支配。能够正视死亡，人就不必为死而生，追求死后的升入天堂、灵魂不死和物质享受，而把人生的注意力由死移向生存本身。人之为主体，是生的主体，就是如何在生命过程本身灌注人自己的东西。

生与死的两歧性矛盾要求人对自我持辩证的态度。追求毫无限制的绝对主体是对主体意识的僭妄。人作为主体，应该把死看成是自我调节的手段。马克思说，死似乎是人类对特定的个人的冷酷无情的胜利，并且似乎是同二者的统一相矛盾的，但是特定的个人不过是一个特定的类的存在物，并且作为这样的存在物是必死的。死是人类自我超越的重要方式。社会通过个体的死亡，调整自身的结构和能力。每个个体的死亡都是社会的自我更新，通过淘汰丧失活动能力的社会成员、补充新的成员，以增加社会发展的可能性和多样性。

这样一来，就使生死矛盾失去了任何一劳永逸地解决的可能性。每一代人既要以死亡为成为主体的条件，又必须承受死亡的压抑和挑战，在生与死之间不停地奔波，直到与异己力量同归于尽。正因为如此，人才走上了自我控制之路。

三、时间与空间的两歧

死亡意识是对人类意志的挑战。这一挑战是人自己提出的,即人能否克服非存在,不断保持自己的存在。在死亡意识的压力下,产生了人的时间意识和空间意识的两歧。

对人类来说,时间是生存的持续过程。时间意识是一种存在的消逝感,是对存在与非存在之间的过渡的体认。死亡是一个独立个体的生存极限,也是时间极限。所谓死亡,就是某物失去生存时间。超越死亡也可以理解为一种改变、延长生存时间的过程。

时间意识对死亡的超越,主要表现在对时间的留恋、凝固和重复。留恋表面上是对死亡的逃避,希望过去了的不曾逝去,逝去了的时间能够倒流,从而扩大生存和死亡之间的距离。人们常常因时光流逝、美景成为过去而伤感懊恼,实际上是由于死期临近、生期缩短而焦虑、恐惧。对过去的留恋、悔恨,是出于对生存的热爱和珍惜。所谓"现在的一切都将逝去,而那逝去的将变成可爱"(普希金语),所谓"碧野朱桥当日事,人不见,水空流。韶华不为少年留,恨悠悠,几时休"(秦观语),都是对挽留时间的希望和对死亡的反抗。现在充满惶惑,是因为现在已接近了死亡;过去充满美妙幻影,是因为过去曾远离死亡。

然而,"青山遮不住,毕竟东流去。"留恋只是一厢情愿,无法改变时间的流逝。人们转而企图终止时间的流逝,以凝固时间为手段逃避死亡,凝固是追求一种永恒的存在和价值。凝固是时间的冻结,使事物保存在某一点上。这样,就能留住存在,使之不会消逝。热恋的人山盟海誓:让我们就这样在一起,永不分离。他们所追求的"永不分离"就是永恒。

时间一去不复返,这从来就是不可更改的。可以更改的是主观的时间感。重复就是主观时间感的永恒追求。时间虽然在不停地流逝,但人始终与特定的对象在特定的环境下不断持续同一种活动,可以造成主观上的永恒感。永恒和不朽,实质上是重复,是一种运动的静止。永恒和不朽不是不变化，而是无论怎样变化，最终都返回原初的起点。这种无限循环不断强化着存在的不可超越性。

因此，所有凝固时间的努力最终都发展为一种宗教意识。重复实质上就是活动仪式的强化过程。一种行为周而复始，也就无始无终，动而不改，就是永恒和不朽，就是神。

留恋、凝固、重复，表面上都是在超越死亡，其实质却仍然是一种死亡意识。留恋是一种返回原初状态的冲动。童年的无忧无虑是文学家百吟不厌的主题。然而，彻底的无忧无虑，如佛教指示的那样，实质上就是死亡。凝固是生存的静止、生命的永恒，静止就是死亡。重复是取消生死界限。最彻底的重复就是轮回。对印度教和佛教来说，所有的生和死都是虚假的幻想，因为生死不过是灵魂轮回的一个周期。企图从时间意识上超越死亡，注定回复到死亡意识本身。人常说"我快活得要死"，例如海涅：

> 等我们盈盈的泪珠，
> 滴入这熊熊的火里，
> 等我双臂抱紧了你——
> 我情愿殉情死去！

快乐为什么与死亡相通呢？这是因为唯有死亡能留住快乐，凝固快乐，重复快乐。

时间上无法超越死亡，那么空间上人能否有所作为呢？空间是生存的扩展过程。空间意识是一种存在的有限感，也是对存在和非存在之间过渡的体认。生存就是获得空间的过程。说某物存在、某物运动，就是说某物拥有空间。空间是对存在的限定，具体存在都只拥有有限的空间。空间是存在的限界，在某物拥有的空间之外，都是某物的非存在。所谓死亡，就是存在失去空间的过程。

空间意识对死亡的超越，主要表现在扩大空间的追求。空间的扩展就是生存的延续和发展。空间的扩展首先体现在个人的肉体生长、延续方面。保持生存的前提是保存肉体空间。除了宗教狂热和绝望自杀自残行为，人们一般都珍视自己的身体。古希腊人极为崇尚人体，认为健全的精神寓于健康的身体，健与美是不可分离的。他们热爱自己的身体，锻炼自己的身体，炫耀自己的身体。在希腊神话中，特洛伊名将赫克托耳被阿喀琉斯杀死并被剥去了铠甲，"从阿耳戈斯人的队伍中许多战士跑出来赞赏着赫克托耳的身躯和面庞，他的四肢十分美好，许多人抚摸着他，并且说：'真奇怪，比起他放火焚烧我们的船舰时，现在他多么地温柔呀！'"[1]

可是，死亡意识判定了肉体空间注定伴随生命的结束而消逝。为了与死亡抗争，人拼命地扩大生存空间，使之从肉体外化到外部世界。工具和产品就是外化和扩大了的肉体空间。它们在人的肉体空间之外构造了一道分离人与外部世界的屏障，扩大了人的生存空间。工具屏障的生成，为人的生存空间提供了安全感。只要有工具屏障存在，肉体空间就不会直接受到外界非存在的吞噬。

然而，工具屏障一方面是人的生存空间的扩展，另一方面也是人的生存空间的限定。人只有保住依托工具才能保住生存的空间。在庄子看来，依托某种条件（有待）超越非存在，是徒劳无益的。列子乘风行半月，鲲鹏展翅九万里，都是靠风，才"免于行"。真正的超越是"无待"——不受任何条件限制，这样才能"乘天地之正，而御六气之辩，以游无穷"[2]。庄子企图追求绝对的超越，必然陷入否定任何限制的相对主义。工具限定的消极意义在于人本身蕴含着丰富的潜能，但依托工具扩展只能是一种片面的扩展。每种工具都是某一片面性的自我凝固，工具与工具之间的衔接不是活体衔接，而是片面衔接。包围在工具空间之中的人只能实现一种多样的片面性。

---

[1] 斯威布：《希腊的神话和传说》，下，510页，北京，人民文学出版社，1988。

[2] 《庄子·逍遥游》。

人的能力是多样的统一体。对人来说，一个动作，一串语言，既是真，也是善和美。一旦工具化，也就被割裂了。任何工具，哪怕是计算机系统，无人操作启动，就不会再创造。不仅如此，活动一旦凝固，虽然占有了确定的空间，但却脱离了时间序列，不随时间主体而同步变化。工具的空间滞后反而成为新的空间扩展的障碍。为了扩展空间，首先需要克服的便是工具屏障。在这里我们遇到的是一种空间两歧：人为生存而扩展自身，为扩展自身而改造自身，结果任何扩展了的自我都是改变了的自我；改变的目的又是为了生存。空间活动的出发点是保持自我的存在和非存在的界限，而归宿却是界限的模糊。人追求的与人得到的不是同一个东西。

不仅时空意识各自出现两歧性，而且时间意识和空间意识之间也是一种两歧性关系。扩展空间是自我发展的手段。然而，空间的扩展意味着开拓新领域，意味着历险。由于人没有保票，是一种未规定的规定，创新始终具有肯定和否定并存的两重性。空间扩展得越广阔，经历的否定性危险越多，就越对生存时间构成否定性的威胁。探险家、旅行者、运动员，这些从事不断变换空间活动的人，远比常人经历更多的死亡威胁；相反，一个蜗居者除了病死、被谋害或地震天灾，生存时间系数远远大于漂泊四海的勇士。人常说生命在于运动，其实，生命更在于静止。生物规律是寿命期取决于生长期、受孕期的长短。生长节奏越慢，寿命越长；生长节奏越快，寿命越短。长寿的秘诀就是生活稳定，起居有规律，或者说，在时间上重复，在空间上凝固。就生存意识与死亡意识的两歧而论，时间和空间是互为代价的。生存空间的扩展以牺牲生存时间为代价，生存时间的延长以牺牲生存空间为代价，二者不可得兼。

现代乐观主义发展观与悲观主义发展观的冲突，正是时空两歧的反映。乐观主义追求的是扩展生存空间。乐观主义相信人类的肯定性力量，认为人可以无限地扩展空间，征服地球，征服外层空间，直至征服其他星球，以满足人类不断发展的需要。悲观主义意识到的是人类将为此付出缩短生存时间的代价。为什么人类要扩充不已呢？就是因为扩充本身造成需要匮乏,扩充使得足以维持长期生存的能源资料在短期内消耗殆尽,由此导致扩大了的扩充欲望,其结果必然是越扩充越匮乏,越匮乏越危机,越危机越扩充,最终导致加速度发展,提前到达生存的终点——能量耗散达到平衡态。

时间意识与空间意识的两歧产生了两种对立的人生态度:自然主义与英雄主义。自然主义是采取以空间换时间的生存态度,以生存时间的延长为目的。中国古代道家强调绝圣去智、无为而治、修炼内功,就是放弃空间扩展,放慢发展节奏,让生命完全按照自然的方式发展,这样才能安享天年。英雄主义则是采取以时间换空间的生存态度,以空间的扩展为目的。英雄大多是创造者:麦哲伦环球航行是英雄,诺贝尔发明炸药是英雄,拿破仑打了胜仗是英雄,然而,他们一个也没有安享天年。

究其本质,自然主义和英雄主义都是迎接死亡的意识。自然主义是顺应死亡,对死亡的到来不做人为改变;英雄主义是向死亡挑战,自己选择死亡的方式,是拼死一试。二者都有自己的困境。自然主义既然对死亡放弃自我独立性,生存的全部意义就只在于等待死亡。对自我意识来说,为等待死亡而生本身就是荒谬的。既然归宿已定,一切生存都为了回复到死亡状态,何不自我了断,缩短回复的距离呢?自然主义注定逃脱不了西勒诺斯的审判:人最好不要出生,次好是一生下来立即死去。英雄主义同样在劫难逃。拼死一试,可能延缓死亡,更大的可能是加速死亡。然而,和自然主义相比,拼死一试的可能性不是单一的,人毕竟还有希望。因此,英雄主义对人的自我发展有积极意义。人类文化发展并非得益于自然主义的等待死亡,而得益于英雄主义的拼死一试。文化就是人类以巨大代价换取的拼搏成功。人不是等待死亡,而是自我创造,赋予生存以多种意义。所以,古往今来,自然主义始终是英雄主义的补充性意识,是一座为懦夫、拼搏中失败绝望的英雄以及预先洞悉人生真谛的哲人们在生死交战中建立的精神安慰所。

但是,现代文化的发展震撼了英雄主义传统的统治地位。英雄主义的时空意识的基础是人的创造性。创造性能够肯定人，它需要一个可供创造的原始质料，同时也需要承受破坏的原始质料。在地球这一相对封闭的空间内，创造和破坏之间的关系是一个倒金字塔结构。承受破坏的时空存在要大于承受创造的时空存在，这样才能保持社会生态平衡。因为消除破坏的活动本身又导致新的破坏。如果人类不能大量溢出地球，生存空间就会被撑破。在这种背景下，拼死一试，岂不越拼越死。英雄主义就会走向自然主义——创造的主要意义在于迎接死亡。正是这一变化，才导致了自然主义的悲观主义冲击英雄主义的乐观主义的现代意识冲突。

四、理性与本能的两歧

自然主义与英雄主义的两歧背后，是理性与本能之间的两歧性矛盾。无论是生存意识还是死亡意识，其原始的根据是人的本能。生与死都是人所接受的自然现象。自我意识首先是对人体自然属性的自觉，所谓英雄主义无非是企图超越人体的自然属性，拒斥作为自然过程的生和死，争取主观地控制自身的生死过程。英雄主义的主观基础是自我意识，是对生死的反省，本质上是一种超越本能的理性追求。对生死问题的超越，实质上是在解决本能和理性的冲突。

本能的基本矛盾是需要和满足的矛盾。人的本能与自然之间存在着天然的匹配关系。本能是由人身内自然的缺失引起的。生命运动通过新陈代谢导致机体功能不平衡，于是才有外摄对象恢复平衡的活动。身内自然和身外自然之间不平衡，才产生人的天然需要，也就是人的本能。本能就是说，只要身体活动发生了缺乏，人必然寻求补偿。无论人采取何种方式，只要人寻求需要的满足，就没有摆脱本能的支配。

人的需要并非只是自然需要，人还有社会需要、精神需要，如马斯洛所说，除了生存需要和安全需要，人还有社交、自尊和自我实现的需要。需要越发展，越远离本能。然而，需要无论怎样发展，始终不能摆脱本能的纠缠。需要始终在寻求满足，为人类行为提供自发的内驱力。寻求满足的行为无论是物质的还是精神的、自然的还是社会的，都来自生存本能。因为任何不满足状态都是生存状态的受损。求知是精神的不满足状态，其根源在于人的探究性。表面上看，一切求知行为仿佛都有功利目的，但是求知行为并不止于功利目的，其驱动力就是需要追求满足的倾向。思维具有求知的能力，只要遇到未知领域，就会产生不满足。

人的实践化并没有取消本能。实践是由人控制的满足需要的活动。在实践中，受控制的不是需要，而是满足需要的方式。马克思说用刀叉吃饭不同于手抓嘴啃，是指进食方式中本能和实践的区别。无论人用何种方式吃饭，只要吃的目的是吃本身，最终的动因都是饥饿需要。实践不仅没有取消本能，而且不断复制和扩大本能的驱动力。生存本身是一种需要，活动的目标即是满足。实践是通过对象化来满足需要的活动。实践主体越满足，就越对象化，主体也就越发缺失。一个人对艺术一窍不通，亦可安享天年；一旦拥有艺术能力，就开始与世界为敌。到处都是非艺术的存在，是艺术能力无法容忍的。可是，人越使存在艺术化，自己的艺术水平也越高，越发意识到存在不艺术。

用马克思的话说，是已经满足的需要又引起新的需要。对实践主体来说，满足是相对的，匮乏则是永恒的。以实践为满足需要的方式，实质上并不是满足需要，而是利用满足需要制造更多的不满。这一过程本身是后天的、非本能的。然而，如果仅以需要能否满足为实践目的，实践不过是人表现本能的手段。

把价值仅仅归结为满足需要，是一种表层的实践意识。这种价值追求将导致一种黑格尔所说的"恶的无限性"。需要和满足的变换是一种无休止的轮回。任何满足，对实践主体来说，都是一种新生的需要。这是一个怪圈。如果实践追求的是满足，那么这个目标永远达不到。任何满足对原有的状态都是一种破坏。因此，人的满足大多是一种瞬间的快感，是转瞬即逝的。为了追求满足，人必须以生存时间中的绝大部分为代价，经历长期的不满换取一时的欢悦，不可能存留永驻的幸福。如果实践追求的是不满，这种追求就没有任何动因。实践恰恰是消除不满的活动。不满不必追求，返回原初的起点就能够实现。

受需要驱使的活动没有主体性可言。需要是对象性的，需要推动活动的原因在人之外，是对象与需要的互补关系造成的。在需要与满足的关系之间，一切价值都是手段性的价值，都是以需要为目的的。把人的价值归结为满足个人需要或社会需要，都不能逃脱恶的无限性。如果人存在的目的仅在于满足自身需要，高级存在（精神、社会）便被归结为低级存在（自然、本能）的手段，他人便被归结为个人的手段，人就失去了存在的特殊意义。如果人存在的目的仅在于满足社会需要，那么，社会又为谁而存在呢？要么为所有社会成员，社会又变成了手段；要么为社会本身，脱离个体的社会只能是抽象的社会、异化的社会、与个体相对抗的社会；要么为超社会的存在，那就需要一个上帝。

理性是对本能、对需要与满足的超越。理性作为自我意识，追求的是理想。理想是自我的发展模式，是超越自然状态的合理性状态。理想产生于对自身需要与满足矛盾的超越。当人不是从自身自然状态，而是从自我意识出发去解决需要和满足的矛盾时，人就从本能追求过渡到理想追求。追求本能的我只是"我必须如此"，自我没有选择余地。我饿了，必须吃饭，除此之外，别无选择。追求理想的我却是"我应当如此"，本身就是一种自主抉择。我饿了，但是我可以不吃嗟来之食，因为靠乞求生活不是我应当做的，我的理想是靠自己生活。从本能过渡到理性，人就由自然控制过渡到了自我控制。

理性的自我控制超越了需要。受理性支配的自我不是想要就要，而是该要才要,于是,必然性和理想性之间便产生了冲突。理想追求的实质是合理性。所谓合理性,就是合乎人自身的规律、道理。合理性的尺度不是自然,而是人。理性与本能、理想与必然的冲突,实质上就是人自身之内人与自然的冲突。

理性、理想是人的自觉。在自我意识中,人意识到自身与自然的区别,在于人能够有目的地创造一个属于人的世界。创造就不能遵循本能。本能的含义就是本来就有的能力,而创造就是本来没有而有了的过程,因此,理性和本能是相互排斥的。理性就是偏离本能的运动,使人最终成为主体。

这样一来,理性就成为对本能的改造、扭曲和压抑。为了实现理想自我,人可以忍受磨难,甚至自我牺牲,有吃不吃,有爱不爱,能睡不睡,可得不得。但是,理性只能改变本能的表达方式,却不能取消本能。爱情在人类眼里纯洁而神圣,多少人为之赴汤蹈火,抱恨终身。然而,鱼雁传书也罢,吟花赏月也罢,生离死别也罢,所有爱情,排除性变态,都是对异性的追求。在爱情中,赤裸裸的性欲和生殖冲动,不过披上了温情脉脉、彬彬有礼的面纱。当然,狂热的宗教信徒和独身主义者可以没有爱情,但他们无非是用自我压抑来自我折磨,或以宗教艺术创作来宣泄受压抑的本能。

这种只能转移、压抑,不能取消的矛盾,造成了理性本身的两歧。理性的登场造成了人的表里不一。按照理性要求,人必须把本能深藏起来。文化就是对本能的修饰。明明饥不择食,却要在大庭广众面前细嚼慢咽;明明欲火中烧,却要对异性彬彬有礼;明明恨不食肉寝皮,却要握手言欢。本能的一面,人留给自己体验,于是就有了自娱、自语、自我欺骗和自我折磨。理性的一面,人把理性的一面表现给社会,让别人看。为了让别人看,越有理性,这种内心的分裂与冲突就越沉重。所以,就民族性格而论,原始民族往往内心平和,率直淳朴,而现代民族常常忧心忡忡,曲折委婉。以婚俗而论,文化落后的民族往往少男少女相对吟唱、追逐、游戏，然后便可结为百年之好，并不掩饰自己的"好色"；那些文化发达的民族则总给自己找借口，什么"忠贞不渝的爱情"，什么"社会责任感"，什么"弥补内在的孤独"，远不如原始民族来得痛快。当然，掩饰本能是一种进步，是人与自然的区别，但是这种掩饰的后果是加重了自我意识的冲突。

这种冲突就是理性与非理性的冲突。非理性包括人的直觉、情感、意志，是人身内自然的直接表达。与理性相比，非理性更接近人原始的、本来的自我，是自我的无压抑状态。非理性对理性而言是一种破坏。无论认识活动还是道德活动，一旦非理性介入，一切就都难以按部就班，就都会丧失逻辑、约束。就认识而论，理性努力保持对象的客观性，试图揭示对象的本来面目，而非理性则相反。《红楼梦》里的晴雯喜欢听撕扇子的声音，这种情感和声波的关系已经不可理喻了，同样的声音，却使袭人感到放纵和厌恶。理性是试图使非理性逻辑化，而非理性则恰恰反逻辑化。逻辑化就是非理性的消失。

当然，非理性对理性也有重要的辅助作用，如灵感、直觉、情感，对理性的创造性和认识的飞跃是不可缺少的。就自我意识而论，二者代表的是两种互相矛盾的自我。非理性寻求本能的满足和宣泄，理性却宣告了非理性注定失败。一旦理性自觉到需要和满足的恶的无限性，并自觉到死亡的不可抗拒性，自觉到人有自杀这种创造性能力，理性就陷入不可解脱的自我矛盾：既然追求满足导致永远是追求的起点——不满，既然人将在不满中悲壮地死去，既然人自己有办法摆脱这种注定失败的恶的无限性，人为什么还在苦苦挣扎呢？

动力却来自理性的对立面——非理性、本能。生存意识是理性无法抗拒的诱惑。不断地追求理性，带来的是生存状态的不断提高。死亡虽然不可抗拒，但生存状态却可以不断改善。理性不断压抑、改造的对象，恰恰是理性得以发展的支撑力量。这样，就使人永远不可解脱理性与本能的冲突。

人与自然、理性与本能的冲突不可解脱，促使人反省长期以来对待理性和本能的态度。理性主义一味排斥本能，仅仅强调理性对本能的克制、超越，实质上是对本能的僭越，导致文化的畸形发展，以束缚人的精神世界为目的。非理性主义一味强调本能，轻视了理性对本能的实现的积极作用，必然导致放纵情欲或恢复自然的还原主义倾向。理性与本能的矛盾是两歧性矛盾，无论采取哪一歧，都将陷入自相矛盾。

五、个性与社会化的两歧

理性与本能既是自我的两种性质，又是两种不同的表达方式。人究竟在何种条件下，才需要对理性和本能作出抉择呢？在个人独居的情况下，理性虽然比本能有优越性，但理性和本能之间是可相容的。个人与对象之间的单独对话，是出自理性还是本能，是收敛还是放纵，是升华还是发泄，是保持清醒还是不能自已，完全取决于个人，无论内在还是外在，都没有强制性的压力。

这种情理相容和抉择自由，就在于是人的独白，不是人与人之间的对话。人的行为没有人看。人之所以要抑制本能，是由本能的性质决定的。本能追求需要的满足，并不考虑手段。一个人不择手段地寻求满足，就是在本能驱使下活动。然而，不择手段的后果是把他人统统贬为手段、对象，势必造成人际对抗。如果人与人之间只是互为手段、对象的关系，那就不可能有什么需要真正被满足。侵犯、剥夺就会成为普遍现象。

理性抑制本能来自社会的要求。社会是人类生活的组织形式。社会是后天的，通过人的活动形成的。社会是应补偿本能缺陷的要求产生的。首先，人的本能并没有赋予人以个体独立行为的能力。人是高级哺乳动物，幼仔依附母亲的时间较长。人类的哺乳期需要1~2年，独立行走需2~3年，独立摄食需要更长的时间。即使长大成人，也没有可以直接用于攻击、自卫、摄食的特化了的器官。结成社会，依靠他人的活动，人才能弥补先天不足，生存和发展。其次，对象的匮乏使人的本能得不到充分自由实现的条件。满足人的需要的对象主要是人自己创造的，与满足动物需要的对象完全不同。人之所以要创造对象，是天然对象的匮乏所引起的。考古学、古人类学的研究已初步证实，环境或机体的变异撕裂了人类祖先的本能与环境之间的天然供求关系，迫使他们不得不在本能之外寻求新的生存方式。由于人的选择——实践，不断撕裂人与外部世界的和谐，不断增长的需要总是引起对象的匮乏。正因为如此，"各取所需""物质财富极大丰富"才成为马克思追求的一个社会发展目标。

社会就是人所选择的弥补先天不足和后天不足的生存方式。一方面，社会形成了组织屏障，阻挡和缓冲了个人所承受的环境压力，通过联合、协作和自我牺牲等方式，扩大了人的行为能力；另一方面，社会形成了人类的自我协调机制，依据一定行为准则分配总是相对匮乏的对象，缓冲由于对象匮乏引起的人际冲突。

由于社会是后天的生存方式，所以，虽然它产生于弥补先天不足的要求，但在本质上和本能是对立的。社会作为扩大了的个人能力和自我协调机制，对个人而言是一种强制力量。为了扩大个人能力，个人首先必须放弃个人的自我满足，在社会能力机制中承担角色和义务。这是活动模式的根本转变。过去受本能支配直接寻求满足的方式被通过社会化以寻求满足的方式取代了。社会化就是接受社会规范、约束自己的过程。社会规范是社会成员在相对匮乏的对象的基础上协调行为的准则。对象不充足，所有人的所有需要就不可能在互不冲突的条件下得到满足。只要对象是匮乏的，皆大欢喜对人来说根本不存在。因此，社会规范的主要功能就是抑制和协调人的本能，使人在本能和社会相冲突时首先满足社会而抑制本能。

第五章 人类自我意识的两歧

通过什么力量能使人们普遍地接受社会规范呢？如果人只能依照本能的原则行动，社会化永远不可能实现，人也永远不能发展成为人类社会。理性就是应社会化要求而产生的超越本能的力量。理性有三个基本原则：一是自我意识，即对本能的自觉；二是类意识，即对人类共性的自觉；三是对象意识，即对人与对象关系的自觉。要达到自觉，就必须把握自我、人类和外部世界的规律、准则。理性就是对这些规律、准则的确认。作为自然人，自我的规律、类的规律、对象的规律都是同一的，没有本质差别。但人偏偏从来就不是自然人，人与人、人与对象之间的关系不是本能的自由表达，而是对本能的改造和抑制。自我的规律、人类的社会规律都是超越、限制本能的规律。理性的功能就在于利用这些规律去制约本能。

理性的实体是社会，而本能的实体是个人。理性和本能的两歧导致社会与个人的两歧。个人是构成社会的细胞，是承担社会关系和社会规范的实体。从社会的角度看，个人不同于一般的生物个体。动物一生下来就是一个独立的个体，因而相对于群体来说，都是可有可无的。在动物个体之前或之后，动物群体都不会因某个个体的生灭而发生重大改变。个人一生下来只是生物个体，不是个人。人一生下来只有先天遗传的本能，如果始终处于与本能相对应的环境，他就永远是一个生物个体。这一点已被有关狼孩的研究证实。

所谓个人是指有独立创造性的生物个体。所谓独立创造性是指个人是一个独立的自我，与众不同，独一无二，自由自主，有其独特的个性和存在的意义。

与众不同，在于个人是一种个性存在。个性是人与人之间内在的心理差别，这与形体活动方面的差别是完全不同的。形体活动方面的差别是先天的，不可弥补的，而个性差别却是后天的，可以改变的。这样，对个人而言，就产生了个人不完善和个人可塑的矛盾。个性差别体现了个人的不完善。与众不同，是因为他人有而你没有，或你有而他人没有。每个人都有缺憾。按照本能，人势必追求满足，弥补缺憾，塑造自己。然而，塑造

149

过程是取彼之长，补己之短，个人得到了发展，本能却受到扭曲，人必须接受非我之物的修饰。

独一无二，是指个性的不可替代性。个性作为独有之物，赋予个人以存在的独特意义。每个人都有个性，又都有缺憾，使每个人都不可缺少。无论个人多么渺小、贫乏，作为个性，都既是世界上的第一个也是最后一个，空前绝后。个性之间的互补性使个人成为构成社会的实体基础。社会结构中，每个个人都不可缺少，不可缺少是指存在的意义不可替补。当然，一个人倒下，另一个跟上来，社会自有其顽强的复制能力。但是，儿子取代老子，新人取代旧人，都是一种个性取代，不是对消失的弥补，而是创新。不同个人的组合，产生的是不同的社会特点。同是封建社会，也只产生一个孔子、一个秦始皇、一个李白。这些人的存在对社会绝不是可有可无的。后人无论是否愿意，都得消化由于这些个人出现所带来的后果。伟人如此，凡人亦如此。无数凡人的个性，组合出无数不可替代的社会。纵观人类文明史，从古到今，从东到西，没有任何一种文化、任何一个社会是重复的。

自由自主，是指个性差异带来的创造性。个性差异是人的自身差异。个性不是纯粹外力强制赋予的。如果个性是外力强制的结果，那么，个人就应该像用模子浇铸的那样，变成成批的规格产品，人也就只有群性，没有个性。诚然，个性作为人的后天特征，不可避免地受到外界条件的影响。在相近的条件下，人们形成的个性往往相差甚远，乃至截然相反。同一座大观园，同是出身卑微的婢女丫鬟，却有逆来顺受的香菱、心比天高的晴雯、一心往上爬的袭人、心计过人的平儿。造成这种差异的主观原因，就是人的自由意志。个性就是个人在同等条件下的自主决断。条件相异，个性并不明显，正像鲁迅所说，林妹妹和焦大不能等量齐观。条件相同，人各相异，这才是个性，也就是自由。

个性不是本能，在本质上是人自身与本能相对立的特点。本能作为先天遗传，是普遍的、既定的，而个性却是独特的、自由的。因此，从生物个体到个人，是一个发展过程。人的个性不是一生下来就注定了的，个人的独特意义是人在后天找到的。个性不是来自先天，而是来自人与人的互动过程。个性是相对于他人而言的。面对自然，个人呈现的只是类本质，而不是个性。个人获得个性的过程就是个人社会化的过程。

首先，个人是社会的产物。作为生物个体，人是基因遗传的产物；作为个人，则是社会化的结果。个人摆脱生物个体，获得个性，只能摆脱本能的束缚。脱离本能，人后无倚托，前无定数，唯一可以凭借的只有人所面对的文化。文化是社会的产物。文化作为人为的分化，凝聚着无数先人的活动成果，一旦被个人识破、认同，就能够为个人所用。洋枪洋炮不是毛利人①的发明，但从欧洲传入新西兰后，却很快被用作部族仇杀的工具。个人超越本能，首先是利用文化超越本能。文化是已经实现的超越。只要个人接受、掌握，就可以产生创造行为。因此，个人并不是从头开始，而是从文化、从社会开始创造自己的个性的。

其次，继承文化的基本方式是学习。学习即后天习得文化的过程。人不是一生下来就是人，而是学成的人。文化（Culture）在英文中的词源是栽培、开发之意。由于文化的存在，人无须从头做起。前一代人可以通过教育塑造人，传递文化规范，这本身就是个性的再创造。个人接受不同的文化，将形成不同的个性。文化和本能不同，是可变的。接受文化也接受了某种可变性。文化的本性是创造，任何文化结构都蕴含着可创造性。宗教是保守性极强的文化，但也不排除对神的研究和对教义的注解。个性就是个人在学习中接受了文化不同方面、内容的结果。

个人通过社会化成为人。然而，社会化却引起了个人和社会的两歧性矛盾。学习和教育表面上是一个统一的过程，但是就个人和社会的关系而言，恰恰是冲突的根源。

教育是按照社会的要求对个人进行规范培养。所谓开化启蒙，无非是规范教练，是个人的群化。中国古代的科举教育，特别是近代以来的学校

---

① Maori，新西兰的土著居民。

教育，都是对个人的成批量的制造。规范教练的目的就是消除个人之间的冲突，产生群体的一致性。教育的结果使人操同样的语言，了解同样的世界，接受同样的知识、规范，掌握同样的技术。最典型的就是军事教育，整齐，划一，杜绝内部冲突。

学习则相反。学习的主体是个人，目的是个人被社会接纳。遵守共同规范是被社会接纳的前提。社会除了规范、认同之外，对个人还有意义要求。个人被社会接纳的机制是个人之间的互补性。由于每个人都不完善，所以社会是按照互补要求接纳个人的。个人越独特，越与众不同，对社会越有补偿价值。为了提高社会认同度，个人必须拥有鲜明的个性。恋人之间互相倾诉爱慕，都是因为对方具有独特魅力，而不是因为对方和其他人完全相同。因此，就个人而言，学习社会规范仅仅是为人的基础，而塑造个性才是个人追求的最终目的。

于是，人便被抛到一种窘境之中：既要个性鲜明，又要统一于社会规范。为了能生得有意义，取得社会地位，人必须最大限度地保存、发展个性；为了获得个性，又不得不接受社会的同化，让无数他人自我介入个人的个性。这样翻来覆去地纠缠，个性就变成了一个大杂烩，社会规范也会偏离。社会规范把任何个人都贬为手段。为了获得社会认可，个人必须社会化，成为文化模式的范例和载体。个性最终成为文化模式这一理性化身的表现形式。可是，如果个人统统成为文化模式的范例，自我就没有任何独立意义，就会成为文化幻象。个人要想进入社会，就必须付出牺牲个性的代价，服从规范。然而，它本身的文化补偿结构却又在不断制造反叛，用个性的标准挑选、接纳社会成员。

学习与教育的两歧，就是文化模式中个人和社会的矛盾。文化模式是社会用以成批塑造个人的模子，创造文化模式的目的是维持一种稳定的社会结构。印第安人有句谚语："开天辟地时，主神赐给每个人一抔土，众人便从杯子中吮吸他们的生命。"毫无疑问，是文化模式的不断复制，才使个人得以扩大为社会。可是，人们的吮吸总是不断移动着杯子里的土，减少或者添加。人们之所以不断用个性去改造文化模式，是因为人每识别一种社会规范，同时意味着约束一次个性。文化模式的倾向是复制，而个性的倾向是创造。文化模式按照他人的要求规范自我，个性则按照自我的要求规范自我。如果自我规范活动的结果是我变成一个又一个的他人，就会导致文化中的自我迷失；如果自我规范的结果是与他人格格不入，就会使人失去依托，陷入自我封闭。

自我迷失就是失去了创造自我的意义。如果自我存在的意义仅在于我变成他所期望的样子，这种文化模式就是一种荒谬。每个人都按照这种文化模式塑造自己，就会陷入悖论。假如我存在的意义在于满足他人的期望，那么他人存在的意义也在于满足我和其他人的期望。我的存在和活动，促使他人不断活动，用他们的人生磨难换取我的幸福。从表面上，势必会得出我必须知恩图报的结论。其实，揭去面纱，这是一种恶性循环。我越知恩图报，他人就越为我倾尽所有，疲于奔命，我岂不成为他人受人生之累的万恶之源？这样，我存在本身就不道德，只有自杀才是使一切人解脱的终极选择。这样一来，自我创造就失去了应有的意义。

自我封闭就是自我无法与他人沟通，自我的意义无法显示。如果自我存在的意义仅在于独一无二，就会排斥任何文化模式；只要接受文化模式，自我就成为个人与他人的多次性融合。如果由于文化融合模糊了个人独有的个性，就拒绝文化模式的同化，那么个性就会因此而贫乏。文化是人与人沟通的桥梁，为自我纯净而反文化，势必使个人特化到不可理喻的程度。一个没人看或谁也看不懂的自我等于无意义。别人看不懂你，你同样看不懂别人，你也就无法从他人身上不断获得你的自我的缺失之物，你的自我规定就只能无休止地自我重复。

因此，在社会与个人之间展开了激烈的拉锯战，个人不断在个性和社会化之间来回奔跑，寻找摆脱两极的中介。

六、自我拓展与自我确证的两歧

存在与非存在、时间与空间、理性与本能、个人与社会，这些两歧性矛盾都是实践矛盾。实践撕裂了人与自然的天然和谐，人的所有努力都是企图弥合这道裂痕。由于人在弥合中把自身置于主体的地位，因此，弥合并没有回复到原初的起点。每一次弥合实质上都是裂痕的扩大，由此招致了所有的两歧性矛盾。

由于两歧性矛盾不可根除，所以，人始终面临着主题重复的挑战。每个人、每代人都在不停顿地在生存与死亡、永恒与暂时、有限与无限、人与自然、人与人、灵与肉的熬煎中辗转反侧。当然，正像普希金所言："你们辛酸的劳动并非徒然……"每一次抗争都部分地解决了某些矛盾，每一次抗争又是在继续解决同样的矛盾。无论人取得多少进展，这些两歧性矛盾却始终如一，在实质上并没有改变。

主题重复的挑战是对人生终极意义的挑战。对主题重复，人可以做两种理解：一种理解是主题重复，是暂时的、表面的，每一次重复都在改变主题，经过漫长而艰苦的努力，最终一切问题都可以解决。对于一般的矛盾，这种方式是适用的，但对于两歧性矛盾却不适用。生与死的矛盾的最终解决是永生或永死，时间与空间的矛盾的最终解决是永恒静止，理性与本能的矛盾的最终解决是泛理性化或本能放纵，个人与社会的矛盾的最终解决是个人与社会融为一体。这里无论出现哪一种情况，人都不再是人，而是神或自然。

同时，即使可以出现某一种情况，也禁不住意义的拷问：如果人没有自我意识，所有社会成员像蚂蚁那样爬来爬去，只是为了类的保存和万古不朽，那么，这种寄生存意义于十分遥远过去的生存方式还可以接受，然而，对于已经有了自我意识的人来说，就是不堪忍受的了。人类每一代都不仅追求类的意义，而且追求自我的独特意义。如果人类世代相继，只是为了某一时刻出现一种伟大的转折，就会重复一种原罪意义。对有幸生活在那一时刻的人来说,岂不是欠下了那些世世代代重复苦难折磨的祖先们永远偿还不清的债务吗?他们的存在对那些战死者不是过于残酷了吗?如果这幸运的一代在反省,就会意识到,我们不接受这份厚礼,对先辈们也许是一种苦难的解脱。

主题重复之所以不可超越,是由人的本质决定的。人是实践的存在物,是自然和文化、物质和精神的统一。自然是文化的载体,物质是精神的载体,对立的双方都不可取消。有自然而无文化,有物质而无精神,人将蜕变为动物;有文化而无自然,有精神而无物质,人类将变成虚幻的存在。二者同时并有,就要不断改造、冲突。一切两歧性矛盾,也都由此而生。

另一种理解是接受主题重复的事实,从中导引出人生无意义的否定性结论。这就是悲观主义哲学的选择。为悲观主义忽视的是,主题虽然不断重复,但承受主体和解决方式却在不断改变。以超越死亡为例。道家讲长生不老,佛家讲一死百了,原始人视死如归,现代人千方百计研究医学,益寿延年。懦夫视死如虎,勇士以死相拼。每一种选择都体现着人之为人的独特个性。因此,主题重复并不等于意义重复,恰恰是不断的主题重复,对人提出意义挑战。意义是人与对象之间的关系。人与对象是确定的存在,而二者之间的关系却是不确定的。主题重复实质是确定对象之间关系的重新组合,不断产生新的意义诱惑。自有文明以来,人类已经重复了上万年,并没有像悲观主义预示的那样,被毫无意义折磨得奄奄一息;相反,人类却一代比一代活得津津有味。其根源在于,每一代人都能从前一代留下的问题中发现自己的独特意义。

主题重复提出的挑战,意义并不在于改变主题和无休止的轮回,而在于向人提出人生终极意义的两歧性矛盾——自我拓展和自我确证的矛盾。

在主题重复中,直接的意义发现是自我拓展。自我拓展就是人通过与对象不断的互动,不断吞并对象世界来发展扩大自身。主题之所以重复,是因为人始终以克服对象及自身的对象化为目标。搏斗一次,人使部分对象世界人化，成为延长了的人的存在，使自我得到肯定。然而，扩大了的自我同时也扩大了与外界的接触，又回复到与对象世界的对峙状态。这样，主题重复实质上是自我不断发展的手段。

正是因为主题重复，才有文化和社会历史。主题重复使人不断对同一对象开拓，从而导致了人与人之间的文化认同。相同的对象构成了人际沟通的中介。正是由于对象的不断重复，才使人无论走到天涯海角，都可以发现从事着同样性质活动的同类，才产生了人的类意识。这一点古人已经意识到了。在任何民族的神话中，死与不死、不能变幻和能变幻，都是人和神的界限，如果生与死的主题不重复，那就不再是人，或是神仙，或是魔鬼。

主题重复可以产生社会的内在自我凝聚力。孟子讲的恻隐之心，人皆有之，就是这个道理。在印第安人的原始部落中，来访者只要履行同样的仪式，比如跨过一条以红颜料象征的"血沟"，就被认为是同族，酋长就会对来访者说，从此以后，你的仇人就是部落的仇人，我的亲人就是你的亲人。主题重复使人们面临同样的挑战。这时，相同的主题就会泯灭个人差异，使人们采取合作态度对抗共同的挑战。

主题重复内在地造成了历史的连续性。后代必须解决前代未能解决的主题，这便是历史连续性。每一代都在解决相同主题——人与自然、人与人、物质与精神、社会存在与社会意识、生产力与生产关系、经济基础与上层建筑。正是这种主题重复，才使历史行为有规律性和共性。如果每一代人只解决属于自己的主题，那么，世代之间将联系中断，不同历史时代也将变得各不相干，从而导致历史的消灭。

主题不断重复，人的自我便不断拓展，由个人而社会，由社会而历史。外部世界是无限的，人的拓展也是无限的。无限的拓展和无限的世界之间便产生了两歧性。人开拓的世界越广阔，触及的外部世界也越广阔。无尽的拓展，产生的并不是人的自我充实，而是自我否定。面对日益广阔的世界，自我相形之下显得日益狭小。中国古代有夜郎自大的传说，其实那并非夜郎王的错。当时人乘马行走的平均时速不超过15千米。从贵阳到重庆，即使晓行夜宿，至少也要2天时间，若到长安，取直线距离至少也要6天时间。至于环球航行，首航者麦哲伦率领的船队足足用了3年的时间。人对外部世界了解越少，自我则越显得宏大。那时，人以为日月星辰比地球小得多，几乎每一个民族都夸耀自己疆土广大。可是，蒸汽机问世后，福特先生[1]就敢和人打赌，用80天环游地球。目前，乘坐超高速飞机环球，至多只需要20小时。内部世界随着外部世界的扩大而缩小，外部世界也随内部世界的缩小而扩大。麦哲伦环球时的外部世界不超出太阳系。福特先生环球时的外部世界已远远超出银河系。而现代，人们已经观察到了150亿光年范围内的天体。外部世界在扩大，人拥有的内部世界则在相对缩小，于是人便拼命追求拓展自我。这是一对矛盾。自我拓展并不是外部世界压力造成的，而是自我拓展本身造成的。作为事实，人们可以接受；作为意义，却产生了终极性的困惑。自我拓展的目的何在？从功利角度看，自我拓展带来了人类进步。而人类进步的意义何在？无论怎样回答，恐怕都是为了进步而进步。为了更幸福、更美满与为了更进步是同义语。这种解释不仅是同义重复，而且是从需要和满足的本能性去解释人类发展和进步，并不能揭示人类发展进步的本质。

　　超越自我拓展，便产生了自我确证的问题。自我确证是人自为目的、自我完成的过程。自我确证是马克思提出的一种自我意识理论。马克思认为，"实际创造一个对象世界，改造无机的自然界，这是人作为有意识的类的存在物……的自我确证。"[2]自我在马克思那里，本质上是一个自由自觉的存在。然而，这种自由自觉的属性不是天赋的、本能的，而是后天的、自己造成的。因此，人必须自己证明自己是一种自由自觉的存在。对于人来说，实践既是自我创造过程，又是自我确证过程。创造是有目的的活动，确证就是一种合目的的过程。人在实践中能够实现自己的目的，也

---

[1] 凡尔纳小说《八十天环游地球》中的主人公。
[2] 马克思：《1844年经济学—哲学手稿》，50页，北京，人民出版社，1979．

就确证了自己的本质。

自我确证是人的本质属性。人一生下来，只有本能是内在的，社会则是外在的。从幼儿开始，个人的本能就不断和社会冲突。父母告诫儿童"不要随地便溺""客人来了要有礼貌"。这种冲突，使幼儿意识到那个本能的自我是不受欢迎的，而受欢迎的是来自社会的各种自我模式。对幼儿来说，对社会提供的自我模式的认同与创新，便形成他们的理想自我。实践既是按理想自我创造自我，又是对自我理想的确证。如果我能创造一个理想自我，那么我才是自由的，才获得了社会上的独立人格。如果不能，我就不是一个真正意义的人。

自我确证的实质是对"我是谁"的回答。由于一生下来并不是社会意义的我，我一开始并不知道我是谁，我得在实践中寻找答案。我创造了什么，我就是什么；我造就了谁，我就是谁。每一次文化创造，都是一次自我验证推测和理想的过程。虽然秦始皇可以说"我是天子"，但他很清楚，他是不是天子不取决于他的个人的宣言。于是，他修长城，修阿房宫，书同文，车同轨，焚书坑儒，放逐六国贵族，巡游四海，修造寝陵。所有这些行动，都是对"我是天子"的确证。只有通过上述行为，才能证明他的权力和天子称号是一致的，证明他不是徒有虚名的阿斗。

自我拓展是自我确证的手段。马克思说："正是通过对对象世界的改造，人才实际上确证自己是类的存在物。"[①]拓展是在对象世界中肯定自身，是在对象中寻找自我证明。人的一切自我规定都是对象性的。父亲以儿子为对象，男人以女人为对象，老师以学生为对象。创造一个自我和创造一个对象是同一过程的两个方面。

自我拓展是一种重复运动，自我确证也是如此。由于自我只能在拓展中确证自身，被证实的我和原初的我已经是两个我。英雄伟人大多数伴随着失落感。打进北京的李自成和商洛山山中的李自成不能同日而语。尽管打进北京是李自成的商洛之梦，但一坐到金銮殿上，他和那些同甘共苦的

---

① 马克思：《1844年经济学—哲学手稿》，51页，北京，人民出版社，1979。

弟兄们也就形同陌路了。这样,每一次自我确证都是一次自我失落,原初的理想无法满足实现了的自我,于是每一次自我确证又是新的自我拓展的起点。人常说,盖棺方论定。只要人在实践,自我就无法完全确证。正是由于人始终搞不清"我是谁",人才不倦地努力进取。

自我确证是寻找意义的活动。主题重复促使意义深化,人越是确证自我,越发现自我的无限可塑性,越回味无穷。自我好比是一个谜,这个谜越容易解,意义也越简单,自我发展也就越缺乏动力。谜底越复杂,对人才越有诱惑力。所以,传统农夫可以饱食终日,悠然自得;现代知识分子却躁动不安,不可终日。在主题重复中,人的自我不断变换与外部世界接触的角度和深度,使自我得以展示自身蕴含的多样性和层次性,从而深化了人的自我意识,实现了自身潜藏着的各种可能性。

因此,自我拓展只是人类自我发展的外显现象,自我确证才是发展的实质。自我拓展不过是以对象化的形式证明人的能力变成现实。这样一来,文化的否定性和肯定性实质上是人类自我确证的两个方面。文化的肯定性确证了人的自我创造性,文化的否定性确证了人的自我破坏性。主题重复就是自我创造、自我破坏的运动。自我创造性本身无法接受自我创造的结果。如果人接受这一结果,完全停留在这种结果之中,创造性就会被否定掉。为了实现创造性,否定先前创造成果就成为自我发展的前提。破坏是对再发展的激励,可以防止创造性的停顿。这种激励是一种两重性的挑战:应战成功,自我发展;应战失败,自我受挫。

这样,自我确证就成为人的历险。人越是确证自己,越能发现对自身了解、控制的有限,越要追求自由自主,同时,也就越会引起自我的拓展。随着自我拓展,人不断迈入未知的时空,承受被毁坏和死亡提前到来的威胁。为了寻找安全合理的发展,人不得不控制本能,扩大社会制约,从而不断迎来一个又一个两歧性的矛盾。正因为面临的是超越两歧性的挑战,自我确证才是一个不断重复的过程,也由此导引出自我确证的两歧性矛盾。

自我确证的两歧性矛盾是寻求意义的矛盾。在终极意义上，这是神圣和荒谬的矛盾。神圣是自我确证对终极意义的肯定，是人类自我完善的理想境界。自我确证在主题重复的过程中不断显示人的自我完善性。每一次确证，都是人类活动能力水平的提高和丰富，都显示出了人的主体性和优越性。随着主体性的提高，能力也不断实现，人的自我呈现出日益完善的趋势。这是对自我理想性的肯定，同时导致了人追求自我完善的倾向。所谓自我完善，就是一种存在，就是有能力通过自己的活动，不断弥补自身的不足，不断把自己的理想变成现实，最终达到没有缺陷、拥有完全的自由自主地位的状态。

正是因为自我完善的终极境界是至善至美，自我确证才有了衡量的标准。缺陷是相对于完善而言的。如果没有一个完善的境界，就体现不出存在的缺陷；理想都是对现实的超越。如果不提出一个理想境界，那就会陷入"凡是现实的都是合理的"命定论。如果现实的都合理，也就不会有什么缺陷可言。羊被狼吃了，何言缺陷？没有羊，狼岂不统统饿死？羊不被吃，那草地岂不变成沙漠？对缺乏理想性的存在而言，缺陷是不存在的。

神圣作为自我完善的终极境界，是自我确证的动力。主题重复是乏味的，但神圣的理想性却不断诱惑人从主题重复中发掘活下去的意义。由于神圣是至善至美的，那么，每一次确证都是对至善至美的接近，又都留有缺陷。全部自我确证的意义都维系于神圣，否则，就会陷入循环论和轮回意识之中。

既然神圣的境界始终促使人自我确证，那就等于说，现实的理想性都不是绝对的、终极的，也不是神圣的。那么，神圣本身就永远需要不断确证。这种理想和现实的矛盾提出了神圣追求的挑战——荒谬。

荒谬是一种无意义的追求，是对神圣的否定。神圣作为终极理想，象征着所有两歧都可以超越，而荒谬恰恰是对神圣的揭露——所有两歧都不可以超越。一方面是人类无限趋近至美至善；另一方面，这种趋近的实质是主题重复。每一次重复，不过是在更高的水平上再现同一主题。从封建社会到资本主义社会是历史的质变,然而,马克思明确指出:一切社会变革的实质都是生产方式的变化。任何生产方式的主题都是同一的——生产力和生产关系的矛盾。我们承认了社会基本矛盾,也就承认了神圣的相对意义。

因此,自我拓展与自我确证的两歧,最终归结到神圣与荒谬的意义冲突之中。神圣和荒谬是意义冲突的两极,两个基本的对立面。这一矛盾决定了人的自我意识的辩证性。人类自我意识始终在神圣和荒谬的冲突中发展。神圣和荒谬是互斥的,又是互补的。说它们是互斥的,是说二者性质上是对抗的。神圣是肯定的,至善至美的;荒谬是否定的,一切无所谓的。说它们是互补的,是说确定神圣的意义在于克服荒谬。正因为有荒谬,人才追求神圣。荒谬代表了人的自我破坏、自我毁灭性,代表了人的痛苦和磨难。神圣的追求是人的自我抗争,代表了人类肯定人性、超越自然性的希望。人类社会之所以发展,就在于荒谬驱使人不断迈向神圣。所有两歧性矛盾的意义,就在于它们为人提供了自主选择的可能性,促进着人类历史的发展。

第六章 当代人类自我意识的前景

一、哲学主题与当代主题

上升到两歧性矛盾的高度对待文化的否定性,是当代人类自我意识发展的前提。从近代人类自我迷信到现代人类自我反省,人类自我意识的发展揭示出人类实践活动本身的两重性矛盾。当代人类自我意识的出发点,应该立足于解决人的自我矛盾——人与文化的矛盾。

意识到这一点,将带来哲学研究的主题转移。首先,应该区别基本问题和主题问题。从广义上说,哲学就是人学。人与自然、人与人、人与人的活动及其成果、人的物质与精神的关系,是哲学研究的四大基本问题。在这些问题中,物质与精神的关系是产生其他矛盾的最基本的矛盾。物质与精神的矛盾是以人为核心的矛盾。这一矛盾是人类产生的结果,因为在地球上只有人才有精神活动,只有人才会有物质与精神的矛盾。

人与自然、人与人、人与自身活动及其成果的矛盾,实质上都是物质与精神的矛盾。人与自然同作为自然,没有人的意义上的矛盾。只有在人的活动具有主观性时,人与自然才会发生矛盾。同样,也是在人的活动具有主观性时,人才与独立于人的主观性之外、需要克服的对象——社会、文化发生矛盾。所以,恩格斯才把物质与精神的关系称为哲学的基本问题。

基本问题不是一切问题。不同领域、不同层次的问题，都有其独特的意义。物质与精神的矛盾只有作为一般需要，具体表现为人与自然、人与社会、人与文化等方面的问题时，才有现实性。不同的时代，物质与精神的矛盾有着不同的表现方式。在古代，这一矛盾表现为灵魂与肉体的矛盾，是人与虚幻的外部世界的关系。在近代，这一矛盾表现为心灵与物体的矛盾，是人的内在世界与外部世界的关系。没有这些具体表现形式，物质与精神的矛盾只能是一种逻辑抽象，不具有可规范性和可操作性，极可能蜕变成脱离人类具体实践的"绝对理念"和"物自体"。

基本问题不能取代主题问题。主题问题就是不同时代人类所面临的核心问题、主要问题，是基本问题的时代表征。基本问题是一以贯之的、跨越时代的，而主题问题却是不断随时代变化而变化的。从近代到现代，主题问题已由人与外部世界的关系问题转化为人与自身活动及其成果的关系问题。

近年来，中国哲学界已经触及到人与自身活动及其成果的关系问题，但是，人们对这一问题的重要意义往往还认识不足。

首先，没有分清哲学基本问题和哲学主题问题的界限。一个极端倾向是用基本问题取代主题问题，认为哲学研究应该不分时间、地点、条件，应无一例外地、不通过任何具体表现形式地直接面对哲学基本问题，把其他问题统统视为枝节问题。一旦人们强调某一问题的重要意义，往往会被指责为"背离了哲学基本问题"、"妄图取代哲学基本问题"、是对"哲学基本问题的僭越"。这种极端倾向，实际是对哲学基本问题意义的亵渎。不与具体问题结合的基本问题的研究，等于"一切是一、一是一切"，永远也不会有任何进展。以那样的态度去追求基本问题，只能把哲学变成荒谬的语言游戏。

另一个极端倾向是用主题问题取代哲学基本问题。脱离物质和精神的关系来解决具体问题，实际是偏离了个体问题，而偏离了个体问题的实质,则是割裂了哲学发展的一贯性、连续性。如果不从主客观辩证关系的角度去认识问题,往往会在对人的认识上犯庸俗唯物主义和唯心主义的错误。

其次,没有把住时代的脉搏,确定当代的主题问题。目前,对当代的主题问题的认识有两种倾向。一种倾向是把人与自然的关系看成当代哲学的主题问题。这是古典意识的现代表达。人与自然的关系是古代哲学的主题问题。农民基本上直接面对自然。他们在田野上耕作,靠天吃饭,种植和驯养自然之物。这种直接性,在近代工业时代就开始瓦解了。工人脱离田野钻进与自然相对隔绝的厂房,靠技术和机器设备吃饭,重新塑造自然之物。作为人与自然之间矛盾转折的前奏,近代强化了人与自然的矛盾。强化的原因是间接的因素插入了人与自然的关系,从而导致了人与自然关系的紊乱。

在当代,人基本上被自己创造的文化成果包围,不仅人与自然之间的关系是间接的,而且人与劳动工具之间的关系也开始间接化了。工业自动控制化和电脑、机器人的大量应用,使那种人直接面对科学技术、完全凭借体力和经验积累的原始工业时代逐渐消亡。例如,在一些发达国家,以脑力劳动从事技术和管理工作为主的知识分子和白领工人,与从事体力劳动的蓝领工人的比例已经达到1∶1。在这样的背景下,当代哲学已无法置生活实践的迫切性于不顾,悠然自得地直观大自然的超验奥秘,必须首先解决来自人所创造的成果——文化的压力。

文化是分化个人的隔离层,也是凝聚社会的黏合剂。社会问题,归根到底是文化问题。现代人的焦虑、困惑与冲突,是现代文化发展中出现了重大转折的结果。传统的文化链条断裂了,黏合剂散化了,隔离层加深了,这才引起了社会的喧哗与骚动。目前,在不同文化之间,交织着东方和西方(社会主义和资本主义)、南方和北方(贫穷国家和发达国家)、农业文明和工业文明(传统生活方式和现代生活方式)的冲突。信息一体化使横跨五大洲、纵穿三大时代(农业、工业、后工业时代)的不同文化聚到一起，搅拌碰撞，不断引起社会的动荡和改组。

当代的主题问题是人与自身活动及其成果，即人与文化的矛盾，是人最直接的自我矛盾。人和实践、人和实践成果、文化结构和社会结构、文化结构和思维结构、文化和人的自我意识、文化发展和社会发展、文化和人之间的矛盾、文化的肯定性和否定性、文化和意识形态结构、文化符号意义和语言理解、自我意识和文化理想诸问题，应该成为当代哲学首先考虑的重要课题。

优先解决人与自身活动及其成果的矛盾，目的恰恰在于在现代意义上对哲学的基本问题的解决，而不是对物质与精神，以及人与自然、人与人之间关系问题的抛弃。主题问题也不是全部问题，优先解决并不等于取消其他问题的研究意义。需要指出的是：脱离主题问题的研究，如果不误入歧途，大半只能重复原有结论，很难取得重大突破。正是在为解决基本问题创造条件的意义上，我们才把人与自身活动及其成果的矛盾置于主题问题的地位。要解决面对的问题，不是单刀直入，而是转几个弯子，这就是文化，这就是人。

此外，对哲学基本问题的研究需要体现其内在的时代精神。哲学基本问题是跨时代的，体现人与外部世界的一般关系，而哲学基本问题的具体解决，则需要表现为解决不同时代的具体矛盾。在当代，人与自身活动及其成果的矛盾，集中体现了在当代实践水平基础上的哲学基本问题。思维和存在的关系不是抽象的，而是具体的。当代思维突出地表现为人的文化意识、自我意识，而当代思维面对的存在，则突出地表现为被人改造了的存在和人能改造的存在。

人与自身活动及其成果的矛盾成为当代的哲学主题，关键在于这一矛盾已经上升为关系到人类前途的生死攸关的问题。工业革命以来，无论人口、财富、生产力、信息，还是武器、能量，都呈现出定量倍增，即和工业革命前相比，同期增长速度成倍递进的加速发展的趋势。

这种超速增长对人的作用是双重的。一方面，它快速改善了人类的生存水平，加快了变化节奏，丰富了每一代人的生存意义；另一方面，如果从宏观角度看，这是生物进化过程中的异常突变，势必打乱内外关系的平衡，可能出现生产文化突变。人类必须把目光从自然渐变转移到文化突变，应对由此产生的各种可能的后果。马克思说过，哲学是时代精神的精华，如果哲学对时代主题漠不关心，这种哲学必将被时代抛弃。

二、当代需要的主体意识

哲学的主题转移，实质上是自我意识的转变。从注重人与自然、人与社会的关系，转移到注重人与文化的关系，实质上是从人怎样看待外部世界提升到人怎样看待自己。

这一主题，近年来已为中国哲学界捕捉到，并以主体意识的形式表现出来了。人们相继提出了主体和客体、自然世界和属人世界、认识和价值、本体论和实践论等诸多问题。从某种意义上说，近年来哲学研究基本上是围绕着主体意识展开的。这些问题的研究，有成绩也有失误，但总体说来，还是深化了人们对马克思主义哲学的理解，体现了时代意识，拓宽了人们的视野，在许多问题上都有所建树，是应当给予肯定的。

目前主体问题研究中的一个核心问题，就是主体意识向何处去。当代中国的主体意识始于"文革"结束后的拨乱反正，是批判极左思潮把马克思主义哲学教条化、庸俗化、机械唯物主义化的产物。按照马克思的初衷，他的哲学应该是一种既从客观、客体方面理解世界，又从主观、主体方面去理解世界的辩证唯物主义。但是，受极左思潮"宁左勿右"的形而上学倾向的影响，似乎从客观、客体方面去理解事物，拥有绝对真理权的保票，怎样强调也不为过，而从主观、主体方面去理解事物，则等于在头上悬挂达摩克利斯之剑，避之唯恐不及。因此，长期以来，人们讳言主体。

然而，从客观、客体方面去理解事物，物质第一，精神第二，人出于物而复归于物，这是旧唯物主义已达到的认识，是19世纪以来文化突变之前的意识水平。马克思所要解决的问题，恰恰是如何克服旧唯物主义仅仅从客观、客体方面理解事物的消极性，对从主观、主体方面理解事物给予唯物主义解决的辩证唯物主义问题。为解决这一问题所付出的努力，充分体现了马克思主义哲学的当代意识，是在人类自我意识批判的水平上，解决人与自身活动及其成果——文化的矛盾。

所以，当代中国哲学主体意识的崛起，存在着以批判旧唯物主义为起点的低起点问题，出现了"肯定对立面就是正确的"的形而上学倾向，也就是不加分析、盲目崇拜主体的倾向。主体崇拜就是只看到主体性的肯定方面，看不到主体性的否定方面。这种倾向从人和动物的比较出发，把主体问题仅仅归结为人与外部世界改造被改造、征服被征服的关系，认为主体性就是人对动物的优越性，是一切存在为之服务的中心，是天地万物中的最高存在、主宰力量。

主体崇拜的理论，基础是实践崇拜。人们把实践作为这种绝对肯定的、主宰性的主体的根据。这种理解，实质上是一种实践万能论。从文化的角度去认识，实践远不是万能的。实践是文化的源泉，但是，实践也有两种基本限制。第一，性质限制。实践是双重的，既有重复的实践，又有创造的实践；既有肯定的实践，又有否定的实践；既有合理的实践，又有不合理的实践。如果实践缺乏良好的内在机制，不但不能使人成为主体，反而会把人贬为奴隶、手段、对象。第二，结构限制。马克思说人们都在既定的条件下创造历史，人们怎样生产就怎样生活。就具体实践来说，始终存在着实践力所不及的领域。所以，尽管实践有无限的发展潜力，但人们只能做实践可以做的，从实践中并不能获得为所欲为的能力。

主体崇拜、实践崇拜的实质是一种近代人类自我迷信的现代表达。人们是以近代哲学对待理性和人性的态度对待实践。这种主体意识从马克思退到黑格尔的水平，理性统治世界与实践统治世界在精神实质上没有多大区别，都是人类的自我膨胀。对批判极左思潮的封建意识，对社会进行精神启蒙，主体崇拜有其积极意义。但是，在理论上，主体崇拜不可避免地陷入古典唯心主义；在实践上，将导致轻视实践否定性的严重后果。

新中国成立以来，盲目崇拜实践给中国的社会主义革命和建设造成了巨大的损失。人们只注重实践的创造性，忽视实践的破坏性，对运用理论合理地控制实践缺乏足够的认识，片面地迷信只要努力去干，去实践，就可以无往而不胜。看一看这些口号，就可以透视出社会主体意识水平："先破后立""人有多大胆，地有多大产""人定胜天""向荒山要粮、向大海要地"。于是人们先施工后设计，不计后果地毁林开荒、围湖造田，盲目地追求高速度，一次又一次重蹈冒进的覆辙。所以发生这样壮烈而荒唐的悲剧，并不是由于人们吝惜实践，而恰恰是由于人们滥用实践。

造成实践失误的一个重要原因，是指导实践的主体意识与时代要求脱节。用近代人类自我迷信指导20世纪的实践，等于请拿破仑指挥星球大战、在战略火箭部队前击鼓列队、举着毛瑟枪向核弹头开火。无论从理论上还是从实践上，我们都需要弄清当代社会究竟需要一种什么样的主体意识。

由于当代人类正在经历文化突变，实践的肯定性和否定性力量在同步增长，我们需要的不是绝对的主体意识，而是在自我反省基础上的主体意识。

主体是人的活动成果的结果。成功和失败是人类实践两种可能的归宿。成功的实践可以产生主体性，失败的实践不但不产生主体性，还会引起外部世界的对抗和报复。因此，指向外部世界的实践并不能天然地造成主体性。

成功的实践取决于两个基本条件：一是人对外部世界的控制，二是人对自身的控制。后者是前者的先决条件。人对外部世界的控制，是人发挥自身本质的创造力量的结果。问题的关键在于如何能够最有效、最合理地把人的本质的创造力量发挥出来。实现这一目标，需要人类运用自我意识，控制人类自身的活动。人类如果不能自己，尽管可以征服、掌握身外自然，但实际上却等于在受身内自然的支配，人不过是用聪明才智替身内自然表演，根本不是主体。这就好比一个演员，他（她）在舞台上的一举一动都是导演精心安排的。表面上挥洒自如，自由自在，实际上他（她）并不是主体；而他（她）如果决心按自己的意愿，抛开导演的安排，最终博得观众的喝彩，那他（她）才是主体。

因此，主体性是一种自导自演的过程，控制外部世界只是其表象，控制自身才是其实质。人类自我迷信的错误，主要在于把主体性归结为理性、人性或实践对外部世界的征服，没有看到人类主要的任务不仅是对外部世界的征服，而且还需要征服人类自身。征服外部世界，一个儿童也可以做到，他可以把极其复杂的玩具操纵得得心应手；征服自我才是最艰巨的挑战。拿破仑可以征服大半个欧洲，却征服不了自己的贪欲和野心，最终身败名裂。

征服自我之所以是最艰巨的，是由自我的两歧性造成的。自我既要把自身当成对象，又要把自身当成主体。当对象时，容易导致自我压抑；当主体时，容易产生自尊自信，乃至狂妄和自我膨胀。自我既要控制本能，又要使本能获得合理的表达和实现。这和人与外部世界的关系有很大区别。无论人怎样重视、珍惜外部世界，如同高老头珍惜他的金钱、农民珍惜他的牲畜、战士为一寸国土而战死沙场，其实都是对工具的珍重。所以，对主体来说，控制自身远比控制外部世界更重要。

敌强我弱，常常是失败者心安理得的自我辩解，实质上也是人类自我迷信的一种托词。相对而言，并没有强大的敌人，只有弱小的自我。敌手的强大是以自我的懦弱为前提的。孙悟空打遍天堂地狱无敌手，却跳不出如来佛的手心。对那些被孙悟空打得落花流水的天兵天将来说，他们的失败并不仅在于孙悟空本领高强，还在于他们没有如来佛的法力。人是不是主体，不仅仅取决于人所面对的外部世界强大与否，而且还取决于人能否控制自我。

总体来说，人控制自我的能力越强，控制外部世界的能力也越强。所谓控制自我的能力，就是控制人控制外部世界的能力。人控制自我的最终目的，是为了在更高的水平上控制外部世界。人对外部世界的控制，存在一个可能性与合理性的关系问题。就可能性来说，人有无限的自我拓展的能力。只要人能够认识到，可以实现出来，人都可以做到。就目前人类征服世界的能力来说，把地球上的树统统砍光，让每一个人都住进豪华的宫殿，并不是太困难的事。在许许多多的可能性中选择实现哪一种，人自有其合理性的标准。合理性就是人的行为要符合人的道理、人的发展规律。由于人有自我意识，人在创造世界中追求的是自我肯定，而不是自我否定。人不是无选择地接受事实，而是按照价值的原则接受事实。人并不是做一切可以做的，而是努力做应该做的。杀人的能力人人都有，但杀人者总是少数；地球上的树可以砍光，但人不去砍光；所有的财富都可以用来盖房子，但人要派其他用场，所以总有人风餐露宿。这种节制来自自我意识对合理性的抉择。

所谓主体性，就是这样一种自我扩展的过程。作为同一过程的两个方面，自我协调和自我扩展在不同时期有不同程度的显现。实践的否定性虽然是对外部世界与人的关系的破坏，但在外部世界的承受范围内，并不直接危害人的利益。农业文化就是这种关系的典型表现。农业文化生产力低下，只要有大于耕作面积的林荒地存在，人的肆虐就可以被大自然消解。工业文化作为文化突变，导致生产力高度发达，社会高速发展。发展到今天，它已给人口、粮食、能源、环境、生态、核能诸问题画出了一条发展的警戒线。因此，在古代，主体问题表现为发展不足；在现代，则表现为自我协调的迫切性。从追求片面征服世界转向追求征服世界和控制自我的协调，这就是当代需要的主体意识。

三、当代需要的历史意识

自我意识是历史意识的实质。有什么样的自我意识，就有什么样的历史意识。长期以来，由于受古典的人类迷信精神影响，一种完全偏离了马克思唯物史观的历史至善论倾向，笼罩在当代中国的文化意识之上。

历史至善论的文化历史观认为，一种至高无上、一以贯之的单向度的历史决定着全部人类历史；历史是预定的，只可以接受不可以选择；历史是按照肯定人的价值原则预定的，始终朝向对人有利的方向前进。历史发展就是人的生存能力提高和物质精神财富日益扩大，人的压力越来越小，处境越来越优越，历史的归宿是人按照预定的方向达到至善至美、无所不能的终极境界，人类成为上帝。

历史至善论萌发了人类的自我肯定意识，是人类自我肯定的一种价值选择。在古代，历史至善论表现为宗教人类自我中心主义。宗教把至高无上的历史决定力量、文化的根源归结为神、上帝，把文化发展解释为原罪和赎罪、神力的自我验证，或轮回的宿命论过程，认为在神的面前表现好的人可以升入天堂、永享极乐。在近代，历史至善论表现为人性和理性的人类自我迷信。这种倾向与宗教人类自我中心主义只有一个差别：把上帝换成了先天的人性或理性。他们相信科学技术、工业发展和社会民主会同样带来一个至善至美的社会。极端理性主义和空想共产主义就是这一倾向的生动体现。

历史至善论在历史上起过积极的作用。它肯定了人类自尊自信的价值选择，推动人类追求进步、正义和真、善、美，坚定了人类发展的信念。特别是近代历史至善论，为推动科学技术进步和社会民主，起到过意识形态的支撑作用。

但是，究其本质，历史至善论毕竟是人类自我意识膨胀的产物。它在道德和理想方面有意义，并不能掩饰其立论依据的虚幻。

首先，历史至善论没有看到人的两歧性矛盾。人类用以自我肯定的力量，同时也包含着自我否定。人是历史的创造者，也是历史的毁灭者。这一点注定了历史至善的境界不可能达到，那只是人生的幻想。佛教比道教高明的地方，就是它意识到至善对人类来说必须经过死亡，经过生存的彻底泯灭才能达到。实质上，至善对人来说就是死亡。所有宗教的至善境界，都是对世俗生活的抛弃。只有死亡才逃脱了自我否定，然而，同时也逃脱了自我肯定。这就注定了历史至善境界的虚幻。

历史至善论没有看到，决定历史的力量不是单一的，而是复合的，是由多样因素的冲突与协调促成的。人之所以是一种两歧存在，根本原因就在于历史是由许多相互冲突的因素构成的。自然存在是一值存在。透过形形色色的现象差别，一切自然存在都可以归结为一种属性——自然。自然规律有很强的因果制约性。人的存在是多值存在。在人身上，至少凝聚了三种力量：自然性、人性和神性。人性是一种主客观相结合的实践性，神性是超越现存的精神性。在人类自身，交织着主观与客观、人与自然、个人与社会、主体与客体等诸多矛盾。尽管这些矛盾之间有主次之分，但任何一个主要矛盾，比如，生产方式的矛盾，都是一系列人类社会基本矛盾综合的结果。马克思提出社会基本矛盾，本身就是对单向度的历史至善论的否定。什么是矛盾？矛盾就是对立面的斗争和转化，就不可能是一种单一的力量，就注定有肯定和否定两种发展趋势。

历史至善论没有看到，历史发展的趋势不是价值先定的，而是多样的可能性。历史有前进也有停滞，有发展也有毁灭。人类历史的价值倾向是客观趋势和价值选择的结果，并不是"预定的和谐"。在历史发展的矛盾趋势中，存在着历史向善的可能性，但历史向善的事实，却取决于人的价值选择。人和历史发展之间存在一种"主动感应效应"。"主动感应效应"就是自我确证。人能意识到客观趋势，选择客观趋势，用实现客观趋势来确证自己的意识和选择。比如，经济专家预测了市场行情看涨，人们相信了，踊跃购买，其结果必然是行情看涨。行情看涨是有客观因素的，但人们实现自己预测的活动对事实的影响是不可忽视的。历史是什么？历史不在人之外，是人的活动过程。人怎样活动，历史就是怎样。决定历史的是人，不是自然，也不是人的产品。所以，应该追求自我肯定的价值选择，促使历史的天平总是倾向于自我肯定的一面。人们在积淀、遗传文化的过程中，总是努力保存文化的肯定因素，抛弃文化的否定因素，这才形成了历史进步的趋势。

历史至善论没有看到，历史进步的趋势并没有排除人类自我否定、自我毁灭的可能性。文化的否定性不是外在的，而是内在的。历史进步的趋势，可以排除外在的否定性，却无法排除进步自身的否定性。没有不付代价的进步。历史的进步，始终伴随着否定和毁灭。英国现代历史学家汤因比列举了人类历史上存在过的26个文明。"在这二十六个当中，迄今至少已经有十六个是死了和埋掉了"[1]，如米诺斯文明、玛雅文明、苏末文明、古代印度文明、赫梯文明等。这些文明有的毁于战争，有的毁于天灾，有的毁于文化的病态发展。人们会说，这种毁灭只是局部的，并不影响全体的历史进步。问题就在这里。这些古代文明的毁灭之所以是局部的，是因为它们大多是封闭或半封闭的，没有达到全球一体的程度。它们可以默默地存在，悄悄地结束。人类全球性破坏、毁灭的可能性，只有当文化全球一体时才会出现。在当代，局部不会妨碍全体的价值，假定已失去了它的存在意义。

历史至善论没有看到，历史发展的实质不仅在于人的自我拓展，而且在于人的自我拓展与自我确证、自我完善之间的协调发展。历史至善论，特别是近代历史至善论，完全把人类进步的希望寄托在物质财富的增长上。新教伦理学就把赎罪的努力倾注在创造物质财富上。上帝既然诅咒亚当必须挥汗如雨地劳动，那么这种劳动就是悔过的证明。富兰克林有个形象的比喻，什么是不道德？不道德就是一小时本该赚十美元而你只赚了五美元。理性主义者们更是如此。对儒勒·凡尔纳来说，发明创造越多越好。物质财富的增长是历史发展的客观基础，但并不构成历史发展的主

---

[1] 汤因比：《历史研究》，下，455页，上海，上海人民出版社，1964。

体。历史的主体是人而不是物。人的主体不在于拥有多少物质财富，而在于是否能够以物质财富为手段自我确证、自我完善，提高人类自我协调的主体性。那种以为单靠物质财富增长，就会自然带来社会进步的想法，势必会使人陷入需要与满足矛盾的恶性循环。结果不但不能引导人类走向至善，反而会招致无休止的苦恼。

历史至善论没有看到，人类有发展，却永远不会有至善。发展意味着更新。更新是旧的缺陷的弥补，也是新的缺陷的开端。文化更新，拓展了人的活动，这势必引起更广泛、更复杂、更深刻的矛盾。在这个意义上，发展不是矛盾的消除，而是矛盾的扩大。只有矛盾的扩大，人类自我才能面临更深刻的挑战，才能得到发展。

古代和近代的历史至善论尽管是人生幻想，但至少是虔诚的，有实用功利意义的。现代的历史至善论，用萨特的话来说，至少是"不老实"的。当人生幻想已经破除，对现实持视而不见的态度，只能是一种自欺欺人。在现实中，历史至善论已经失去了实用的功利意义和意识形态的支撑作用。用历史至善论来充当人类的精神支柱，将会掩饰人类面临的挑战和危险，导致自杀性的肆虐和放纵。

历史至善论的完结意味着一种没有上帝的生活的开始。人类必须适应这种依靠自己，不依靠他物的生活。依靠自己，就是自由。马克思明确指出，人们自己创造自己的历史。尽管这种创造是在前人遗留的条件的基础上开始的，但前人不是他物，也是人。自由对于人来说，不仅意味着自主，而且还意味着重大的责任——人类的命运就掌握在自己手里。如果人类不能掌握自己的命运，那么，人类最大的敌人不是别人，正是人类自己。如果人类不能自己，就会被责任压垮。弗罗姆指出，现代人不是在追求自由，而是在逃避自由，就是因为不堪责任的压力。

陀思妥耶夫斯基说得好，如果没有上帝，那么一切都是可能的。破除历史至善论，就是促使人类自我反省，对一切可能产生的后果负责。这就要求人类必须从自我迷信中觉醒，代之以自我协调和自我控制。破除历史至善论，不是放弃关于人类进步的美好信念，而是把自我意识转向人类如何能使自己进步的过程。自我反省的主体意识不是悲观绝望，而是承认现实，创造、进步是可能的，破坏、毁灭也是可能的。人类，你到底要什么，责任在你怎样实践。如果没有什么先天、绝对、永恒的外在力量庇护，若想始终保持人类进步的价值倾向，首先要纠正理性和人性的僭妄，采取一种对自己的行为负责任的态度。

不相信至善，我们该相信什么？人的自我确证本性决定了人是一种寻找归宿的动物。没有归宿，人心不安，纵使功成名就，身世显赫，也会惶惶不可终日。马克思主义者应该相信实践。相信实践就是相信人的归宿取决于自己的活动，而不取决于宿命，也不取决于主观意向。破除历史至善论，并不是提倡相对主义的价值观，而是促使人在人生归宿方面彻底跳出宗教意识，代之以科学的态度。无论是宗教至善论还是哲学至善论，实质都是人类自我迷信。宗教至善论迷信异化自我，哲学至善论迷信自我本身。无论是费尔巴哈还是罗伯斯庇尔，最终的选择都是用爱神丘比特取代上帝，实质上正是一种爱的宗教。

批判历史至善论，要划清至善与历史进步的区别。至善是人类的自我意识膨胀的结果，历史进步则是人追求自我的合理发展的结果。由于人能够通过自我意识不断自我批判，提高控制自我的主体性，人可以不提高实现自我肯定、防止自我破坏自我毁灭的能力，因此，历史发展虽不是至善的，但却是向善的。向善就是马克思所揭示的人类社会历史不断由低向高的发展趋势。批判历史至善论的目的，就是为实现历史进步趋势创造条件。历史发展中存在着自我肯定和自我否定两种对立的倾向。历史天平倾向于哪一方，取决于人们怎样创造历史。历史进步趋势之所以是人类历史发展的主流，是因为人类能够不断积累实践的自我肯定倾向、排斥其自我否定倾向。所谓历史进步，就是人类实践不断合理化的过程。

因此，批判历史至善论，要防止出现历史循环论和历史虚无主义的倾向。以汤因比、斯宾格勒为代表人物的现代历史循环论，就是以否定至善的形式，否定了历史进步。他们把历史看成一个不断兴盛衰亡的循环往复过程，把文明的进步看成文化开始走向衰落的前兆。以罗马俱乐部为代表的悲观主义者，实质上为人类开出一张历史复归论的药方。他们当中的许多人主张减少发展，向低消耗的生活状态复归。这两种倾向的要害，是在批判历史至善论时，连历史的向善性也否定掉了。他们虽然也看重人的自我控制，但却失去了自我控制的目标。如果自我控制不能促进人对外部世界的控制、促进历史的发展，那么，自我控制和自我放纵在终极价值上就没有什么区别，追求自我控制也就没有什么意义。

批判历史至善论有助于在现代意义上理解马克思主义，确立正确的文化发展意识。马克思主义本身具有一种理论超前性，它产生于19世纪，精神实质却是20世纪的。由于人们对此认识不足，往往习惯于仅仅在19世纪的理论和文化背景上理解马克思主义，把马克思主义解释成人性至善论和理性至上论，忽视了文化否定性和历史两歧性。这在理论和实践上都造成了严重的失误。

当代人类需要什么样的历史意识？一言以蔽之，人类的自我反省、自我控制和自我协调。

四、当代需要的发展意识

从自我迷信到自我反省是一种文化发展意识的转换。任何文化都是对象化了的自我意识。任何自我意识的变化发展，都势必引起文化的变化发展。当代自我意识是一种自我批判意识，因此，当代文化发展意识也必须以克服文化自身的否定性、追求自我控制和自我协调、寻求合理发展模式为基本原则。

第一，正视自我，既是当代文化发展意识的理论前提，也是当代人类文化发展水平的要求。当代人类文化发展已经出现了全球信息一体化、效果两重化和导向二难化的趋势。这些趋势对人类自身的活动方式、性质、导向都提出了新的要求。这些变化已经表明，环境是人类自己确定的，希望也在人类自身。因此，文化发展意识应该奠定在适合当代社会发展趋势的自我意识之上。

正视自我，就是把自我意识的基础，从以外部世界为对象肯定自我，转移到以文化否定性为对象控制自我上。人通过意识活动掌握外部世界的规律，发现外部世界的弱点，目的是击败对象，控制和掌握对象为我所用。当然，为了控制外部世界，人必须充分认识自我，发挥自身的能力。这种认识是应对象的要求而产生的自我意识，或者说，是一种匮乏意识。匮乏意识就是由于饥饿才去研究植物的可食性和人的消化能力，由于艾滋病才想到两性结合的合理方式。在这种认识方式中，自我意识不是对象意识的前提，而是对象意识的结果，是一种自发的自我意识。后者的开端是自我。

以文化否定性为对象控制自我，是通过认识自身活动及其成果来发现自身的弱点和缺陷，掌握自身的发展规律，首先成为控制自身的主人，以主体的身份去控制外部世界。控制外部世界，是控制自我的结果。人控制自我的目的，在于更好地控制外部世界；通过控制外部世界，达到人自身发展的目的。这种意识，才是真正的主体意识。从本质上来说，主体意识是一种自我完善的意识，它的直接对象并不是外部世界，而是自我本身的优点和缺陷。

外部世界不是完善无缺的，它本身也无所谓完善与否，衡量外部世界是否完善的标准是人设定的。能否使人完善，这便是人给外部世界提出的标准。外部世界的缺陷并不是它们本身的缺陷。如荒原沙漠缺少水草，是一种自然状态，人不适应这种条件，是人自身的缺陷。于是，人努力提高自己，创造各种工具，不但可以在沙漠中生存，而且可以登上远比沙漠荒凉的月球。沙漠有无水草，是无所谓的，有所谓的是人自己。

传统的主体意识根据人对外部世界的不适应发现了人自身的弱点，从而大大强化了人对外部世界的适应能力。这种意识所忽视的恰恰是强化的后果。当代的主体意识所面对的主要不是人与外部世界相比表现出来的缺陷，而是由文化所强化了的自我否定性。人在外部世界面前表现出来的缺陷是表面的，而人的自我否定性则是本质的。人常常犯错误，其根源不仅在于对手的狡猾，而且在于人缺乏控制自我能力。从自我迷信到自我反省，表明了人类自我意识的深化。

人作为主体，只有对自身的优点和缺陷都有明确的认识，才能具有合理、全面的自我意识。由于人是作为自我而存在的，所以，在认识外部世界时，往往用挑剔的目光，着意于发现外部世界的"弱点"，即对人来说的空虚性、匮乏性。在认识自身时，则往往习惯于肯定自身的优势。这种自我认识局限，是自发的自我意识的重要特征。自觉的自我意识，恰恰要超越这一局限，用合理的、理想的目光，分析自身的优点和缺陷。人创造文化，一个重要的目的就是弥补自身的缺陷。如果仅仅把文化看成人的优点的展示，就会扩大人自身的双重性质的差距，强化文化的否定性。这种跨时代的转折始于马克思。人们注意到，作为马克思主义的创始人，马克思本人的理论重心在于研究人类的社会历史实践。以往，人们对此给予种种解释，或说这是由于马克思投身工人解放事业，关心现实问题胜于关心一般世界观的理论，或认为虽然马克思始终关心一般世界观理论，但由于现实斗争的繁重任务使他无暇旁顾。这些说法或许符合当时的某些实际情况，但有一点被人们忽视了，这就是马克思和黑格尔的精神实质的区别。马克思没有关于一般世界观的长篇大论，最根本的原因在于，他捕捉到了时代的脉搏，意识到人类自我的矛盾已经上升为哲学主题。

第二，当代文化发展应该以追求建立合理的文化结构为目标。传统的文化发展意识是一种泛文化的发展意识。所谓泛文化意识，就是片面肯定文化，以为凡文化即合理，文化越发达，越毫无节制地追求文化。然而，事实上，文化并不具有天然合理性。作为实践结果，有创造的文化（如古希腊文化），也有破坏的文化（如法西斯文化），有发展的文化（如西方文化），也有停滞的文化（如爱斯基摩文化），有合理的文化，也有不合理的文化。人不是文化的奴隶，而是文化的主人，有权对文化作出选择。

文化的合理性不是片面地"合乎理性"，而是合乎使人成为主体、实现自我控制的要求。一种能够使人自我控制的文化，是赋予人自由的文化，而不是对人的压抑和扭曲。在人与自然的关系上，合理的文化不是以自然为敌，把自然仅仅看成人类发泄扩张欲望、抛撒垃圾的对象，而是把自然视为人自身的一个组成部分。这是因为在文化视野中，自然不是外在之物，而是人借以生存的基础、表现能力的对象。人类怎样处置自然，人类也就怎样处置自身。没人愿意自残，但人们却常常把自然残害得千疮百孔。不能在与自然的关系上控制自己，那就是一种自残行为，而不是主体应有的行为。当代日益受到重视的环境意识，就是在人与自然的关系上建立的合理的文化意识、自我意识。

在人与人身内自然的关系上，合理的文化不是以本能为敌，把本能视为动物性，绝对地加以排斥，而是把本能作为自我的重要组成部分。弗洛伊德的泛性论，虽然在西方也受到普遍的批评，但他提出的问题却是无可否认的。食无罪，性无罪，竞争表现亦无罪。合理的文化不应该加剧理智和情欲的对立，而应该合情合理。文化不应该是对人的剥夺，而应该是人的实现。人自身潜在的可能性都有实现的权利，问题不在可能性本身，而在人对可能性采取什么样的选择标准。加剧理智和情欲冲突的文化，失误在于选择了至善论的标准，把理想性理解为地地道道的神性，以为排斥了情欲才是人的发展。这是一场注定失败的搏斗：和自己生存的基础较量，无异于一场文化自杀。合理的文化不是人的断裂，而是人的提升，是把本能、情欲提升为一种文化现象。恋爱不同于强奸，人体艺术不同于春宫画，文化升华不同于文化压抑。文化升华之所以合理，在于

179

它是本能人化了的宣泄和实现；文化压抑之所以不合理，在于它是对本能的排斥和禁止。

在人与人的关系上，合理的文化不是与个人为敌，强化文化的整合作用，而是把文化作为个人创造和发展的诱导因素。文化在本质上是社会对个人的超越。对社会而言，文化是社会的积累和遗传；对个人而言，文化是普遍的生存发展模式。从发生学的角度看，文化的起点和终点都是个人。文化首先有待于个人创造。纵使集体合作，也总是存在为先者。某种个人行为蕴含了普遍意义，就会逐渐演化为群体行为的模式，清明寒食、典礼剪彩，乃至飞机的发明、青霉素的发现，无不起源于个人行为。文化也有待于个人承受。一种文化模式刻意与个人对抗，就会因压抑个人而受到普遍的拒斥；文化模式失去载体，势必会衰落或崩溃。除去外力引发的灾难，绝大多数的文化变迁都是文化压抑引起了普遍的个人反抗，即个人普遍拒绝充当传递如此不堪忍受的文化载体所致。

与个人为敌的文化根源，是文化的自我强化。文化是人的对象化，是对个人的自我超越。文化所需要的又是对超越的节制。接受文化制约，是个人自我控制的结果。文化自我强化，剥夺了个人的使命，一旦变成一种个人毫无个性的群体性强制，就会导致否定性的结果。一方面，文化趋向保守，用既定的文化遗传拒斥个人创造；另一方面，文化演化为抽象实体。文化是对象、结果，一旦上升为要求个人绝对服从的主体，就排斥了它的创造者，自为实体。

马克思称这种抽象实体为"虚幻的集体""冒充的集体"[1]。这种抽象实体，由于排斥了大多数个体，极易蜕变成少数个人借以压制绝大多数社会主体的手段。这种文化模式对他们来说是制造神圣的工具。一旦达到他们想要达到的地位，个人就可以不受这种文化模式的制约，可以为所欲为。对处于他们的地位之下的大多数个体来说，文化模式就是对个性的剥夺。剥夺得越多、越普遍，这些文化特权的拥有者们越津津乐道他们的文

---

[1] 《马克思恩格斯选集》，第1卷，82页，北京，人民出版社，1972。

化模式。马克思之所以追求共产主义制度,其目的就在于消灭剥削制度造成的这种虚幻的集体,代之以真实的集体。

马克思所说的"真正的集体",即指"各个个人在自己的联合中并通过这种联合获得自由"[①]。这样的文化模式才达到了对象和自我、模式和活动者之间的一体化,才是合理的文化。这一目标实现的基础,是把社会的主体地位落实到个人,以消除泛文化造成的文化剥夺现象。

在人与自身物质、精神的关系上,合理的文化不是滞后反馈的文化,而是超前反馈的文化。滞后反馈行为试错的模式是以精神受到物质的实际刺激引导活动。这种行为模式的原型是动物的行为。老鼠必须以自己的肉体为实验品。躲避了鼠夹,老鼠才能侥幸不死。人之所以为人,就在于摆脱了行为模式,否则人类老早便会绝种。超越行为试错的模式是经验试错。经验试错是依据过去指导未来,对未来而言,还是一种滞后反馈。经验试错的理论基础是归纳推理,过去如此,将来可能如此。经验试错的实践基础脆弱至极,一个反常现象就可以置主体于死地。

经验试错的实践基础有二。一是活动节奏缓慢,使主体有充足的反馈调整机会。如农民所言"庄稼不收年年种",一生有充分的时间试错。二是活动的否定能力弱,使主体不至于一次性崩溃。如鲧治河,屡堵屡决,但每次洪水都会消退,幸存者们还能卷土重来。这两个经验试错的实践基础在当代荡然无存。文化突变导致加速发展、创造性扩张、否定性增强。面对核武器、生物工程、人工智能一类高能量、高速度、高破坏性的文化发展,再靠滞后反馈,人类就会形同鼠夹前的老鼠,因此,必须从经验试错转向理论试错。

理论试错是超前反馈,用未来指导现在。在行动之先,通过理论模拟,选择合理的活动方式。理论试错所反对的是盲目的实践崇拜。在当代,人不能用过去指导未来,因为未来对现代人并不遥远。电子计算机从1946年问世到今天,在短短50年的时间里就已更新了5代,这使称雄

---

① 《马克思恩格斯选集》,第1卷,82页,北京,人民出版社,1972。

了千年的珠算不能与之相提并论。在知识激增的今天，"事必躬亲"只能不断制造文化后滞。运用理论对人的实践实施自我控制是当代文化发展的大势。

这一变化促使我们重新认识物质文化和精神文化的关系。以往，人们经常用物质和精神的关系简单类比物质文化和精神文化的关系。物质文化本身并不是简单的物质，而是精神文化的外壳，是物质和精神结合的产物。作为精神文化的对象化，物质文化的主体不是构成它的质料，而是凝结在它之中的精神文化。物质文化的丰富固然可以推动精神文化的发展，但物质文化的发展水平取决于精神文化的发展水平。日本和西德在战后几乎是一片废墟，他们的物质文化损失惨重，但由于他们的精神文化（主要指科学文化知识）已经具有高度发达的水平，具有高度文化修养的人还存在，在废墟上复制物质文化的能力和速度仍远远超过精神文化落后的国家。在短短30年的时间里，又达到了世界上头等经济强国的地位。中东许多石油国家富甲天下，使他们致富的并不是埋在地下的石油，而是石油开采理论和技术；没有这些理论和技术，那里至今还会是沙漠加骆驼。

精神文化的优先地位是人类自我控制能力的体现。自我控制的中介是精神文化活动。人的精神文化水平提高，自我控制能力也就会增强。以自我控制为目的的文化发展，它的最终目的不在于扩大物质文化，而在于精神文化的提高、人的内在素质的升华。当然，精神文化的发展有赖于物质文化提供客观条件，但物质文化仅仅是提高精神文化的手段。

第三，当代文化发展的模式应该从人的全面膨胀转向人的全面发展。

100多年前，马克思批评西方文化的发展导致了人的片面化，从而提出人的全面发展的理想。然而，100年来，西方文化似乎继续沿着片面化的方向发展，最终将导致人的全面膨胀。这种全面膨胀的集中表现，就是追求更大、更多、更快、更好。

首先，以物质财富增长衡量文化发展。物质财富的增长是人的需要的延伸，如果不能内化为精神文化的增长，就会蜕变为本能的宣泄。束缚本能不合理，放纵本能更不合理。

西方社会的经济发展无疑推动了精神文化的发展。然而，这种发展同时也造成了高消费、高污染、高消耗。目前，西方发达国家人均消费支出中将近一半是住房、燃料、电费和交通费。这意味着能源的大量消耗。人们似乎不是在为食物奔忙（当然，这是一大进步），而是在为消耗能源而工作。里夫金和霍华德十分幽默地说："要准确描绘美国人消费起能量来的那股劲头，就只能用'上了瘾'这个词了。现有的统计数字骇人听闻。只占世界人口6%的美国人，要耗费全世界三分之一的能量。"①全世界只能养活一个美国。人们也许要问，他们还要怎么发展呢？

消费本来是生产的结果，是实现幸福的手段，但在高消费的诱惑下，人们不得不把消费作为提高生产的目的。在发达国家，穷并不意味着一无所有。饥寒交迫，往往意味着没有随时更换时装，没有别墅和汽车，不能四处游山玩水。为了能像别人一样奢侈，人们才拼命生产。至于有了这一切是否增加了幸福，人们往往很少考虑。

更严重的是高消费带来了高消耗和高污染。70年代，全球每年从地下采出1000亿吨矿石。20世纪末，这种开采将不少于6000亿吨。由于矿物燃烧，每年进入大气层的二氧化碳高达50亿吨，导致严重的"温室效应"，以及全球气温逐年增高。持续下去，两极冰冠融化，将导致海水上涨，像上海、曼谷、鹿特丹、横滨这样的城市将不得不在地图上后移或抹去。至于其他污染和破坏，后果绝不逊色于此。

有人针对罗马俱乐部提出的"增长的极限"，提出"没有极限的增长"。姑且认定人类增长是没有极限的，那么这种增长意义何在？人的需要是无止境的，匮乏是永恒的。然而，有求就该必应，造得出就该造，用得起就该用吗？执意追求需要的扩张是理性的任性。人类必须为物质财富的增长设立标准，这样才是真正的主体。这个标准就是人类自我的发展和

---

① 里夫金、霍华德：《熵：一种新的世界观》，88页，上海，上海译文出版社，1987。

提高。

其次，追求绝对的个性自由。从文化角度看，文化应该成为个人自由发展的条件。从个人角度看，个人则应该从文化中获得自我控制的力量，而不是与社会为敌。泛文化是错误的，反文化则是荒谬的。

追求个性自由，是西方文化自文艺复兴以来的传统，也是当代西方文化的重要基础。但是，西方人每每把个性自由同社会对立起来，使西方社会深受其害。法国大革命追求绝对自由，结果演变成绝对的恐怖。按照黑格尔的解释，绝对的个性自由势必否认其他一切个性的自由。法国大革命时著名活动家罗兰夫人临上断头台时呻吟："自由，自由，多少罪恶假汝而行！"

人的全面发展不是全面放纵和全面膨胀。表面上看，全面膨胀和放纵是极大的自由，实质上不过是本能、需要、外部世界驱赶下的躁动。真正的自由是人的自我决定，合理地控制、协调自我。只有这样，才会产生全面发展。

首先，人的全面发展是自我调解之中的发展。全面发展之所以不是全面膨胀，是因为人无法知道怎样才算"全面"。人是一种未规定好的存在。人究竟有多少"面"，永远也不会有定论。全面发展并不是指人在所有可能的方面齐头并进，全面扩张，而是指人成为自身的主体，使自身各种需要和属性协调发展。发展不是以属性为代价。比如：要理智，并不等于压抑情欲；要社会，并不等于压抑个性。使相关性能够彼此互补、相得益彰的发展，才是现实的、非空想的、全面的发展。

其次，全面发展是丰富的多样性的发展。多样性有两种模式：一是单向度的多样性，二是丰富的多样性。单向度的多样性是无差别的多样性。它表面上拥有许多不同的发展方向，这些方面的性质却完全雷同。鲁迅改编过嫦娥奔月的故事，说后羿神射，箭不虚发，结果只剩下乌鸦可射。嫦娥天天吃乌鸦炸酱面、烤乌鸦、炸乌鸦、炒乌鸦、炖乌鸦、蒸乌鸦、熏乌鸦。尽管花样不断翻新，但味道却是一个。最后，嫦娥实在腻了，一赌气吃了仙药,到月宫寻快活去了。

当代文化出现了全球一体化的趋势,这就向人类发展模式提出了挑战。全球一体化,会不会造成单向度的多样性?目前,多数国家走工业化道路,都在不同程度地同化于西方文化。如果现代化等同于西化,那么,丰富多彩的各民族文化就会消失。工业化本身虽然复杂,但实质是全体同一,人置身于这样的社会,就会领略什么是喧闹的孤独、富饶的沙漠。

人不能容忍没有个性,根子在于人是一个自我。按照自我的要求,全面发展是一种丰富的多样性。丰富的多样性是个性的多样性。绝对的个性自由会导致单向度的多样性。因为它只肯定自身的自我,妄图把自己的个性强加给他人,结果实现的个性是单一的。丰富的多样性并不是一种模式多种表现,而是多种模式多种表现。人的多样性根源于人的本质。每一个人,每一个民族,每一个国家,都是自己特殊历史条件的产物,都有自己的特点。正是这种独立性,才赋予每个个体以存在的独特意义。取消了独特意义,个体就是虚假的存在,是一种文化赘物。所以,面对当代文化一体化的趋向,保持文化个性,以丰富的多样性对抗单向度的多样性,是当代文化发展的一个重要课题。

再次,全面发展是跨文化发展。跨文化是指不同文化之间的沟通和交融。当代实践已使人类结成相互依赖的整体,因此,局部灾难也会导致全球灾难。不同文化之间的对抗、摩擦,不仅增加了文化内耗,而且增加了文化自杀的可能性。1955年7月,以爱因斯坦为首的52位诺贝尔奖获得者发表了著名的《迈瑙宣言》。他们宣称:"我们愉快地贡献我们的一生为科学服务。我们相信,科学是通向人类幸福生活之路,但是,我们怀着惊恐的心情看到:也正是这种科学在向人类提供自杀的手段。"[①]

解铃还须系铃人,提供自杀手段的不是别人,正是人类自己。同样,没有什么其他力量可以拯救人类,人类必须自我拯救。自我拯救的唯一方

---

① 陈雪良:《诺贝尔奖金获得者和他们的父母》,48页,上海,文汇出版社,1987。

式就是自我协调。自我协调既是个人自身协调，也是社会自身协调。跨文化发展就是打破个人、民族、国家的分离，从全人类的利益出发，对一切行为进行整体协调。跨文化发展，需要一种人类意识、长远意识，需要克服狭隘的文化偏见。

当然，跨文化意识、人类意识并不是"好人主义"，兼收并蓄。在不同的文化冲突中，存在着正义和非正义、进步和反动、合理和不合理的根本矛盾。人类意识是一种比较选择，是用人类的利益来衡量正义和非正义、进步和反动、合理和不合理，它所克服的是那些对人类利益来说是非正义的、反动的、不合理的文化偏见。

当代人类正经历划时代的转折。这一激动人心的时刻，带给人类的往往是苦乐交织的兴奋和憧憬。它意味着人类光荣地经历了昨天，告别了人们久已熟悉、给人以寄托和安慰的精神家园。对人类自我意识来说，这是一场意识形态更新的战斗，其中的痛苦是人类为了进步而必须付出的代价。透过当代文化发展的种种问题和困境，一个深藏着的问题，我们也许已经找到——当代文化发展在急切呼唤人类自我意识的辩证法。

结　语

　　人类自我意识和文化发展问题的最终解决，是建立人类自我意识的辩证法。人类自我意识本性就是辩证的。自我意识是"我看我"，是一种自我对话。"我"如何能看到"我"呢？只有使自我分裂，产生出对象，自我意识才能确立。同时，自我意识又是"我评价我"，是一种自我完善要求。了解自我的目的是想要确立自我。只要有对象存在，自我就不完善，因此，自我意识的归宿是力图消除对象的异己性。这样，自我意识本身就是一种矛盾体，是自我分化又自我统一的辩证运动。

　　自我意识的辩证法研究在辩证法的理论发展方面具有重要意义。辩证法作为一种思维方式，本身就是一种自我意识。对立统一问题被看成是辩证法的实质和精髓。尽管辩证法普遍存在于一切领域，最终追求对立统一的只有人。自然之物是对立还是统一，对自身无所谓，对人则不同。人为了建立自我，与外部世界分化，必须追求对立；为了完善自我，又必须追求统一。脱离自我意识的矛盾，辩证法的革命性和批判性就荡然无存，就会蜕变为一种对现象的解释。因此，研究自我意识的辩证法，是发展马克思主义辩证法的一项重要任务。

　　当代中国究竟需要一种什么样的自我意识，这是一个研究人类自我意识与文化发展的现实问题。

　　从近代到现代，是中华民族的文化自我意识在痛苦中觉醒、摸索、苦斗的悲壮历程。在西方文化的冲击下，古老的中国文化失去了坦然端坐在文化绝顶的内心平和。二十世纪初，郭沫若先生用凤凰涅槃的美妙传说，表达了中华民族文化自我意识更新的欲望。

当代中国文化更新的自我意识，经历了一个由失望到绝望，由绝望到新生的过程。近代启蒙运动的基本倾向是于失望中幻想希望，其思想代表是维新派和洋务派。他们的目标是"补天"，对中国传统文化无力在物质技术上抵御西方文化感到失望，对传统文化的精神优越性抱有希望和幻想，企图以"中学为体，西学为用"弥补中国的物质文化劣势。以孙中山为首的旧民主主义革命运动的基本倾向是对中国传统文化开始绝望，他们不仅接受了西方物质文化的优越性，也接受了西方精神文化的优越性，企图以"西学为体，中学为用"重建一个西方式的中国。结果像毛泽东同志说的那样，先生总是打学生，最终濒临绝望和失败。五四运动是从绝望走向新生。五四运动由新文化运动始，喊出"打倒孔家店"的口号，表现出对中国传统文化的彻底绝望。在五四运动中成长起来的共产主义知识分子对西方传统文化也彻底绝望，最终选择了马克思主义的普遍真理同中国革命的具体实践相结合的道路。

这是中国文化的自我意识的一次新生。失望也罢，绝望也罢，中体西用也罢，西体中用也罢，对中国文化和西方文化采取的都是简单的取舍态度。在五四运动中成长起来的青年知识分子的优秀代表毛泽东同志，通过他毕生的实践，探索出一条把马克思主义普遍真理同中国革命具体实践相结合的道路，超越了"西体中用"和"中体西用"的二难境遇。

对西方文化和中国传统文化，毛泽东同志持同样的批评态度。他对中华民族优秀文化传统抱有深厚的感情。他早年受过良好的传统文化素养的教育，一生酷爱阅读中国古典著作，直到辞世。他对中国传统文化的精神体认颇深，著文讲话，常信手拈来，运用自如。但是，他对传统文化迷而不信。从青年时期起就提倡"挈其瑰宝而绝其缁磷"[1]，直至后来提倡去

---

[1] 毛泽东为萧子升笔记本题词。

结　语

其糟粕，取其精华，持一种批判继承的态度。

  毛泽东对传统文化的批判，是立足于马克思主义立场的。他根据阶级斗争的学说，批判了儒家思想的中庸之道。他认为，革命不能温良恭俭让，对反动派不要"己所不欲，勿施于人"，而要"矫枉必须过正"。他根据历史唯物主义的学说，批判了"天不变，道亦不变"的宿命论。他根据实践第一的认识论原则，批判了中国传统文化"坐而论道""四体不勤，五谷不分"的鄙视劳动实践的传统。他对传统文化批判不是一概骂倒，而是批判地继承。他充分肯定了中国传统文化强调整合、统一的辩证思想，吸收了儒家"人为贵"、"天人相胜"、知行合一的精神，以及陆象山、王阳明强调主体实践的能动性的精神。

  毛泽东对外国文化也采取了同样的态度。他批评以王明教条主义为代表的对于自己的历史一点不懂，或懂得甚少，不以为耻，反以为荣的文化虚无主义态度，强调在中外文化交流中自己认识新鲜事物和创造新鲜事物的责任。他提出了：百花齐放，推陈出新，古为今用，洋为中用。毛泽东所提倡的精神突破了传统的体用之争。在他看来，古和洋都必须符合中国现实的要求。因此，人们对文化发展的选择既不应该墨守成规，也不应该生搬硬套，而应该是一种再创造的文化更新。

  毛泽东思想的主要精神，如实事求是、独立自主、群众路线，都是一种在中外文化结合基础上的再创造。实事求是是既体现了知行合一的中国文化传统，又把传统文化的道德实践改造为人民群众改造世界的革命实践。正是由于他强调理论联系实际的灵活态度，才使中国走上一条不完全雷同于苏联模式的社会主义道路。我们从中仍可窥见中国传统文化善于变通的精神。

  独立自主可以看成毛泽东思想所代表的现代中华民族的自我意识。毛泽东强调精神能动性、自我独立性、实践创造性的特点，很大程度上是接受了西方文化的精华和发挥了马克思主义实践观点。毛泽东所独具的反抗精神和叛逆性格，是中国文化中极少见的。他从青年时代直到垂暮之年，始终强调"与天奋斗，其乐无穷；与地奋斗，其乐无穷；与人奋斗，其乐无穷"的精神。他抗父命，驱校长，反军阀，反帝国主义，反对大国沙文主义，藐视帝国主义和原子弹"纸老虎"。他强调"敢想、敢说、敢干"的大无畏的革命精神，强调矛盾的斗争性的决定作用，甚至把马克思主义的精神实质归结为"造反有理"。这种精神恰恰是中国传统文化所一直压抑的刑天共工精神。在这个意义上，毛泽东又是中国传统文化的反叛。

毛泽东十分重视自我的能动性。他把自觉的能动性看成是人类的特点，主张决定的因素是人不是物、自由是人民争来的不是什么人恩赐的。这种思想完全突破了中国传统文化天人合一的传统，充分肯定了人的精神自我的创造性。

毛泽东力图实现文化更新、再造自我的理论和实践，有成就也有失误，但他的精神导向却预示了中国人在当代重建自我的合理方向。第一，必须跳出体用之争，立足于再创造。第二，再创造必须遵循批判继承的原则。第三，必须重视自我意识和实践对社会发展的能动作用。

20世纪的中国历史是一个在动荡中发展的艰辛历程。中国人的自我也随社会发展而起伏跌宕。当代中国人的自我意识正面临一种双重矛盾的选择：一方面，中国正在经历从农业社会向工业社会的转折。新中国成立以来，在中国共产党的领导下，中国人民走上了社会主义道路，社会主义制度的建立为中国文化从农业文化向工业文化发展，开辟了广阔的道路。1949年~1989年这40年间，中国工农业总产值增长了将近40倍，工业总产值在工农业总产值中所占比重由30%上升到75%。但到目前为止，中国近80%的人口仍是从事传统手工劳动的农民，每个农业劳动力平均只能养活3.1人。这意味着大多数农民家庭只能解决温饱问题。人口的增加，使有限的耕地越来越少。中国人均耕地目前还不到1.5亩，远远低于世界平均水平。在全世界150多个国家和地区中，中国国民生产总值占第6位，但人均值只达到100位左右，这一现实决定了当代中国的自我意识需要从传统的农业文化向工业文化发展。这一意识是五四运动以来中国文化意识发展的方向。我们无论从毛泽东,还是从当代重视主体、强调主体意识的倾向当中,都可以体味到这一转换。

然而,当代中国还经历着另一种挑战。中国虽然是发展中国家,但拥有世界上近1/4的人口,既影响着世界,也受世界影响。特别是十几年来的社会主义现代化的进程,已把中国和世界连成一个紧密的整体。无论我们是否情愿,全球性的信息一体化、效果两重化和导向二难化,都向传统工业文化发出了挑战。我们要缩小历史差距,追赶世界经济发展的先进水平,必须准备迎接这一新的挑战。

这种双重挑战,造成了当代中国发展所面临的特殊的自我意识矛盾:一方面要扬弃农业文化,弘扬主体意识;另一方面又要扬弃传统工业文化,从弘扬主体意识转向主体的自我矛盾,突出自我反省、自我批判和自我控制的主体意识。

只有在理论上掌握解决自我意识的辩证法,在实践上具体解决当代中国社会发展要求的自我意识问题,我们对人类自我意识和文化发展问题,才会有一个透彻、全面、实际的理解。

参考文献

［1］马克思. 1844年经济学—哲学手稿［M］. 北京：人民出版社，1979.

［2］马克思. 德意志意识形态［M］//马克思，恩格斯. 马克思恩格斯选集：第1卷. 北京：人民出版社，1972.

［3］马克思. 关于费尔巴哈的提纲［M］//马克思，恩格斯. 马克思恩格斯选集：第1卷. 北京：人民出版社，1972.

［4］马克思. 资本论：第1卷［M］//马克思，恩格斯. 马克思恩格斯全集：第23卷. 北京：人民出版社，1972.

［5］马克思. 政治经济学批判［M］//马克思，恩格斯. 马克思恩格斯全集：第46卷. 北京：人民出版社，1980.

［6］恩格斯. 自然辩证法［M］//马克思，恩格斯. 马克思恩格斯选集：第3卷. 北京：人民出版社，1972.

［7］恩格斯. 路德维希·费尔巴哈和德国古典哲学的终结［M］//马克思，恩格斯. 马克思恩格斯选集：第4卷. 北京：人民出版社，1972.

［8］毛泽东. 湖南农民运动考察报告［M］//毛泽东. 毛泽东选集：第1卷. 北京：人民出版社，1991.

［9］毛泽东. 矛盾论［M］//毛泽东. 毛泽东选集：第1卷. 北京：人民出版社，1991.

［10］毛泽东. 实践论［M］//毛泽东. 毛泽东选集：第1卷. 北京：人民出版社，1991.

［11］毛泽东. 论持久战［M］//毛泽东. 毛泽东选集：第2卷. 北京：人民出版社，1991.

［12］毛泽东. 中国革命和中国共产党［M］//毛泽东. 毛泽东选集：第2卷. 北京：人民出版社，1991.

［13］毛泽东. 新民主主义论［M］//毛泽东. 毛泽东选集：第2卷. 北京：人民出版社，1991.

［14］毛泽东. 改造我们的学习［M］//毛泽东. 毛泽东选集：第3卷. 北京：人民出版社，1991.

［15］毛泽东. 整顿党的作风［M］//毛泽东. 毛泽东选集：第3卷. 北京：人民出版社，1991.

［16］毛泽东. 关于正确处理人民内部矛盾的问题［M］//毛泽东. 毛泽东选集：第5卷. 北京：人民出版社，1977.

［17］戴维·科尔比. 简明现代科学新思潮词典［M］. 重庆：重庆出版社，1987.

［18］奥尔利欧·佩奇. 世界的未来［M］. 北京：中国对外翻译出版公司，1985.

［19］罗马俱乐部. 增长的极限［M］. 成都：四川人民出版社，1983.

［20］米萨诺维克等. 人类处在转折点［M］. 北京：中国和平出版社，1987.

［21］池田大作，奥尔利欧·佩奇. 21世纪的警钟［M］. 北京：中国国际广播出版社，1988.

［22］托夫勒. 第三次浪潮［M］. 北京：三联书店，1984.

［23］奈斯比特等. 90年代的挑战［M］. 北京：中国人民大学出版社，1988.

［24］奈斯比特. 大趋势［M］. 北京：中国社会科学出版社，1984.

［25］房龙. 宽容［M］. 北京：三联书店，1985.

［26］池田大作，汤因比. 展望21世纪［M］. 北京：国际文化出版公司，1985.

［27］丹纳. 艺术哲学［M］. 北京：人民文学出版社，1983.

［28］列维·布留尔. 原始思维［M］. 北京：商务印书馆，1981.

［29］施特劳斯. 野性的思维［M］. 北京：商务印书馆，1987.

［30］卡西尔. 人论［M］. 上海：上海译文出版社，1985.

［31］萨特. 存在与虚无［M］. 北京：三联书店，1987.

［32］萨特. 存在主义是一种人道主义［M］. 上海：上海译文出版社，1988.

［33］弗洛伊德. 图腾与禁忌［M］. 北京：中国民间文艺出版社，1986.

［34］弗洛伊德. 精神分析引论［M］. 北京：商务印书馆，1984.

［35］弗洛伊德. 弗洛伊德后期著作选［M］. 上海：上海译文出版社，1986.

［36］费雷泽. 金枝［M］. 北京：中国民间文艺出版社，1987.

［37］斯威布. 希腊的神话和传说［M］. 北京：人民文学出版社，1988.

［38］托卡列夫. 世界各民族历史上的宗教［M］. 北京：中国社会科学出版社，1985.

［39］汤因比. 历史研究［M］. 上海：上海人民出版社，1964.

［40］马尔库塞. 单向度的人［M］. 上海：上海译文出版社，1989.

［41］马尔库塞. 爱欲与文明［M］. 上海：上海译文出版社，1987.

［42］里夫金，霍华德. 熵：一种新的世界观［M］. 上海：上海译文出版社，1987.

［43］莫里斯. 开放的自我［M］. 上海：上海人民出版社，1987.

［44］本尼迪克特. 文化模式［M］. 杭州：浙江人民出版社，1987.

［45］哈定. 文化与进化［M］. 杭州：浙江人民出版社，1987.

［46］玛格丽特·米德. 代沟［M］. 北京：光明日报出版社，1988.

［47］基辛. 文化·社会·个人［M］. 沈阳：辽宁人民出版社，1988.

［48］保罗·肯尼迪. 大国的兴衰［M］. 北京：求实出版社，1988.

［49］宾克莱. 理想的冲突［M］. 北京：商务印书馆，1983.

［50］埃尔. 文化概念［M］. 上海：上海人民出版社，1988.

［51］沙夫. 人的哲学［M］. 南京：江苏人民出版社，1988.

［52］荣格. 现代灵魂的自我拯救［M］. 北京：工人出版社，1987.

［53］兰德曼. 哲学人类学［M］. 北京：工人出版社，1988.

［54］阿德勒. 自卑与超越［M］. 北京：作家出版社，1986.

［55］蒂利希. 存在的勇气［M］. 贵阳：贵州人民出版社，1988.

［56］弗洛伊德. 文明及其缺憾［M］. 合肥：安徽文艺出版社，1987.

［57］尼采. 快乐的科学［M］. 北京：中国和平出版社，1986.

［58］林格. 重建美国人的梦想［M］. 上海：上海译文出版社，1983.

［59］佩鲁. 新发展观［M］. 北京：华夏出版社，1987.

［60］弗洛姆. 健全的社会［M］. 北京：中国文联出版公司，1988.

［61］弗洛姆. 追寻自我［M］. 台北：志文出版社，1985.

［62］弗洛姆. 逃避自由［M］. 台北：志文出版社，1985.

［63］铃木大拙. 禅与生活［M］. 台北：志文出版社，1986.

［64］维科. 新科学［M］. 北京：人民出版社，1986.

［65］冯友兰. 中国哲学简史［M］. 北京：北京大学出版社，1985.

［66］张岱年. 中国哲学大纲［M］. 北京：中国社会科学出版社，1982.

［67］汪白，张慎恒. 毛泽东早期哲学思想探源［M］. 北京：中国社会科学出版社，1983.

［68］高清海. 马克思主义哲学基础［M］. 北京：人民出版社，1985.

［69］高清海. 哲学与主体自我意识［M］. 长春：吉林大学出版社，

1988.

［70］邹化政.《人类理解论》研究［M］. 北京：人民出版社，1987.

［71］刘泽华. 中国传统政治思想反思［M］. 北京：三联书店，1987.

［72］范文澜. 唐代佛教［M］. 北京：人民出版社，1979.

［73］赵明. 道家思想与中国文化［M］. 长春：吉林大学出版社，1986.

［74］李勇锋. 变革中的文化心态［M］. 北京：国际文化出版公司，1988.

［75］葛剑雄. 普天之下：统一分裂与中国政治［M］. 长春：吉林教育出版社，1989.

［76］胡维革，李书源. 冲击与蜕变［M］. 长春：吉林教育出版社，1987.

［77］李扬. 两种智慧［M］. 长春：吉林教育出版社，1989.